Die Westtürkei im Brennpunkt

Oben: *Amulette gegen den »bösen Blick« sind in der Türkei allgegenwärtig*
Rechts: *Handbemalte Puppe aus Alanya*

Einführung

Die ruhigen Gewässer von Ölüdeniz erkundet man am besten vom kleinen Boot aus

Strände und türkisblaues Meer, von Pinien bestandene Felsklippen, Olivenhaine, blaue und weiße Bienenkörbe auf kahlen Felsen, Sonnenhungrige an weißen Sandstränden, alte Fischerdörfer und antike Kulturen – die Bilder in den Reisekatalogen entsprechen voll und ganz der Realität und vermitteln doch nur einen kleinen Eindruck von der Schönheit der türkischen Ägäisküste. Die wichtigsten Touristenzentren sind Kuşadası, Bodrum und Marmaris, daneben Fethiye und Ölüdeniz. Obwohl hier jährlich zehntausende Touristen Erholung suchen, schaffen es die Einheimischen doch, sich ihre schon legendäre Herzlichkeit zu erhalten. In der Türkei ist man gesellig, neugierig und außerordentlich (gast-)freundlich. So denken viele Besucher nicht nur gerne an die türkische Küche, die Strände oder die antiken Stätten zurück, sondern vor allem an die unglaubliche Liebenswürdigkeit der Menschen hier.

Nur wenige Reiseziele können wie die Westtürkei so vielen verschiedenen Bedürfnissen gerecht werden. Wenn Sie bis fünf Uhr morgens tanzen und feiern und erst nachmittags aus den Federn kriechen möchten, dann sind Bodrum und andere Ferienorte ideale Ziele. Richtet sich Ihr Interesse eher auf die griechische und römische Kunst, warten Efes (Ephesos) und viele weitere phantastisch erhaltene antike Stätten darauf, von Ihnen erkundet zu werden. Am besten jedoch genießen Sie beide Extreme – und noch viel mehr.

Besichtigungstouren
Per Bus, *dolmuş* oder Minibus erreicht man praktisch jede Sehenswürdigkeit, nur selten sind Taxi oder Mietwagen vonnöten. Zu den wichtigen Attraktionen gelangt man mit organisierten Touren; sie sind jedoch zumeist auch leicht auf eigene Faust zu erreichen.

Viva Twin

TÜRKISCHE ÄGÄIS

DOPPELT GUT REISEN!

RV VERLAG

Ein Fischer auf der Insel Bozcaada präpariert seine Reuse

Autor: Sean Sheehan

Übersetzung: Barbara Rusch für
GAIA Text, München
Redaktion: Karl-Heinz Schuster,
Falk-Verlag GmbH, München
Koordination: Falk-Verlag GmbH, München
Satz und Produktion: GAIA Text, München
Druck und Verarbeitung: Printer Trento srl, Italien
Printed in Italy

Vertrieb: Falk-Verlag GmbH, München

ISBN: 3-89480-241-3

Für Hinweise, Verbesserungsvorschläge und Korrekturen ist der Verlag dankbar. Bitte richten Sie Ihr Schreiben an:

Falk-Verlag GmbH
Redaktion
Neumarkter Straße 43
81673 München

Internet: http://www.falk-online.de

Inhalt

Über dieses Buch

SYMBOLE

- Kartenverweis
- Adresse
- Telefonnummer
- Öffnungszeiten
- Restaurant oder Café im Haus oder in der Nähe
- Nächste Buslinie
- Nächste Fähranlegestelle
- Nächster Bahnhof
- Flughafen
- Eignung für Rollstuhlfahrer
- Eintritt
- Wichtige Hinweise
- Weitere Sehenswürdigkeiten in der Nähe
- ➤ Querverweise auf Seiten mit ausführlicher Beschreibung
- Fremdenverkehrsinformation

Die fünf Abschnitte dieses Führers behandeln die wichtigsten Aspekte Ihrer Reise in die Westtürkei.

Die Westtürkei im Brennpunkt Seite 5–14
Einführung
Daten und Fakten
Erlebnis Westtürkei
Aus der Geschichte
Ruhe und Entspannung
Berühmtheiten der Westtürkei

10 Top-Attraktionen Seite 15–26
Die zehn Hauptattraktionen der Westtürkei, für Sie ausgewählt, mit praktischen Hinweisen.

Sehenswürdigkeiten Seite 27–90
Die zwei Hauptregionen der Westtürkei, jeweils mit einer kurzen Einführung und den wichtigsten Attraktionen in alphabetischer Reihenfolge.
Die Bewertung wurde wie folgt vorgenommen:

✪✪✪	Nicht versäumen
✪✪	Sehr empfehlenswert
✪	Empfehlenswert

Erleben und genießen Seite 91–116
Restaurants, Übernachtungs-, Einkaufs- und Unterhaltungsmöglichkeiten sowie Attraktionen für Kinder.

Praktische Informationen Seite 117–124
Ein illustrierter Abschnitt mit den wichtigsten Reiseinformationen.

Karten
Alle Verweise beziehen sich auf die Karten im Abschnitt »Sehenswürdigkeiten« dieses Reiseführers. İzmir beispielsweise hat die Angabe 30B3. Demnach finden Sie die Stadt auf der Karte der Seite 30 im Planquadrat B3. Eine Zusammenstellung der in diesem Führer enthaltenen Karten enthält das Register unter dem Stichwort »Karten«.

Preise
Auf die jeweilige Preiskategorie wird gegebenenfalls durch **$** -Zeichen hingewiesen:
$$$** steht für »teuer«, **$$** für »mittlere Preisklasse«, und **$ bedeutet »preiswert«.

Daten und Fakten

Geographie

• Die türkische Westküste erstreckt sich von Çanakkale aus nach Süden über etwa 500 km Luftlinie bis zum Mittelmeer. Die Gewässer der Çanakkale Boğazi (Dardanellen ➤ 38) sind traditionell die Grenzlinie zwischen Europa und Asien, weshalb der größte Teil der Westtürkei auf dem asiatischen Kontinent liegt. Die Römer bezeichneten die Region als ihre Provinz Asien und bis vor kurzem wurde sie »Kleinasien« genannt.

Bevölkerung

• Die westtürkische Bevölkerung ist ziemlich homogen – fast jeder ist ethnisch gesehen Türke. Der nicht-muslimische Bevölkerungsanteil liegt bei etwa einem Prozent.

Religion

• Fast jeder bekennt sich zumindest auf dem Papier zum Islam, und Moscheen gehören zum Landschaftsbild. An der westtürkischen Küste ist die türkische Gesellschaft jedoch deutlich säkularisierter als im Rest des Landes.

• Während in anderen türkischen Regionen der heilige Fastenmonat Ramadan (➤ 116) das Alltagsleben verändert, ist es durchaus möglich, daß man als Tourist an der westlichen Ägäisküste davon nichts verspürt. Westliche Kleidung und Sitten bestimmen das Bild.

Erstaunliches

• Die Türkei ist weltweit die einzige weltliche muslimische Demokratie und stellt innerhalb der NATO die zweitgrößte europäische Streitmacht. Außerhalb der USA wird nur hier das F-16-Kampfflugzeug produziert. Seit 1934 verfügen die Frauen über das volle Wahlrecht. In der Türkei gibt es mehr private TV-Sender als in jedem anderen europäischen Land.

Ost und West

In der Westtürkei verbinden sich auf faszinierende Weise Kulturelemente des Mittleren Ostens und Westeuropas. Zwar hat sich die Türkei für die Aufnahme in die EU beworben, doch sowohl die türkische Bevölkerung als auch die Entscheidungsträger in Brüssel scheinen sich über die Stellung der Türkei in Europa unsicherer zu sein als je zuvor

Sowohl muslimische Minarette (unten) *als auch vorchristliche Tempel wie hier in Assos* (ganz unten) *gehören zum Kulturerbe*

Erlebnis Westtürkei

Die Westtürkei blickt auf eine bewegte 5000jährige Geschichte zurück, die auf jeden, der sich für die Entwicklung der europäischen Kultur interessiert, Faszination ausübt. Denn mit der Besiedelung durch griechische Kolonisten fand die europäische Kultur hier ihren Ursprung. Aus dieser Gegend stammen die ersten Historiker, Geographen, Philosophen und Dichter. Viele faszinierende Reste dieser Wiege der europäischen Kultur haben die Zeit überdauert und finden ihren Platz neben Hotels, Stränden und Diskotheken, deren Rhythmen noch ertönen, wenn die Sonne längst schon aufgegangen ist.

Bootsfahrten und der Besuch von antiken Stätten gehören in der Westtürkei zu den beliebtesten Unternehmungen

DIE 10 HÖHEPUNKTE

Wenn Sie die Westtürkei nur kurz besuchen oder sich ein umfassenderes Bild über die Region machen wollen, sollten Sie wenigstens folgendes unternehmen:

- **Besuchen Sie ein *hamam*** (Türkisches Bad) und genießen Sie das schönste Bad Ihres Lebens. Gönnen Sie sich eine belebende Massage auf der Steinplatte über dem Ofen, mit dem das Wasser erhitzt wird. (➤ 115).
- **Besichtigen Sie eines der antiken Theater**. Viele der auf Hügeln gelegenen steinernen Zeugen der Vergangenheit sind gut erhalten (➤ 19, 26, 52).
- **Machen Sie** von Bodrum, Marmaris oder Fethiye aus eine Ägäiskreuzfahrt in einem traditionellen *gület*. Baden Sie an einem abgeschiedenen Strand und genießen Sie das klare Wasser (➤ 61, 72).
- **Bewundern Sie den Sonnenuntergang** über den Çannakale Boğazi (Dardanellen). Die enge Meeresstraße, die Asien und Europa trennt, faszinierte Liebespaare, Dichter und Strategen, häufig mit tragischen Folgen (➤ 38).
- **Unterhalten Sie sich** entspannt mit den Einheimischen bei einem Glas Tee oder einer Partie Backgammon, und entdecken Sie ihre Gastfreundschaft.
- **Probieren Sie *meze*** (Vorspeisen, ➤ 97) mit frischem Brot und einem Glas *raki* (➤ 98).
- **Besuchen Sie Efes (Ephesos),** die berühmte asiatische Hauptstadt Roms, die eine Viertelmillion Einwohner beherbergte. Heute zählt Ephesos zu den am besten erhaltenen antiken Stätten des Mittelmeerraumes (➤ 19, 41 und 42 f).
- **Tauchen oder schnorcheln Sie** im Meer bei Bodrum, Kuşadsi oder Marmaris.
- **Durchstöbern Sie den Basar**, auch wenn Sie sich sicher verirren. Ein Labyrinth ist der Basar von İzmir (➤ 104).
- **Feiern Sie** in Bodrums Disko Halikarnas (➤ 114) oder in einer der vielen anderen.

Oben: *Die restaurierte Celsus-Bibliothek bei Efes (Ephesos)*

Unten: *Spaß am Strand von Ölüdeniz*

Aus der Geschichte

2500–2000 v.Chr.
Bronzezeitsiedlungen in Troja (➤ 55) zeigen die Entwicklung des Handels in der Ägäis und den Aufstieg mächtiger Führer.

1200 v.Chr.
Die Griechen zerstören Troja, das neben verschiedenen Mythen eine Inspirationsquelle für Homers *Ilias* war. Die Zerstörung stellt den Höhepunkt eines Wirtschaftskrieges dar. Etwa zu dieser Zeit erreichen die ersten ionischen und griechischen Kolonisten die ägäische Küste und gründen Siedlungen wie etwa Milet, die spätere Wiege der europäischen Wissenschaft und Philosophie.

900–334 v.Chr.
Die Königreiche von Karien, Lykien und Lydien beherrschen verschiedene Regionen der westlichen Türkei. In dem von König Krösus (561–46 v.Chr.) regierten Lydien erfindet man das Münzwesen. Die Perser erobern die Stadt und dringen von hier aus über die Dardanellen (➤ 38) nach Griechenland ein, wo sie eine Niederlage erleiden. 334 v.Chr. etabliert Alexander der Große an der Küste erneut die griechische Kultur. Diese hellenistische Zeit ist geprägt von einem regen Wirtschafts- und Kulturleben.

44–330
Der Apostel Paulus bekämpft das Heidentum in Ephesos (➤ 19). Das westliche Kleinasien gehört seit 133 v.Chr. zum Römischen Reich; im 2. Jahrhundert n.Chr. steigt Ephesos zur Hauptstadt der römischen Provinz Asia auf. 330 v.Chr. wird Konstantinopel (Istanbul) Hauptstadt Ostroms, des sogenannten Byzantinischen Reiches.

1250
Geleitet von wirtschaftlichen Interessen, dringen genuesische Flotten bis zum Schwarzen Meer und nach Süden in die Ägäis vor. Viele ägäische Inseln werden unabhängige genuesische Fürstentümer.

1451–1566
Die Osmanen unter Mehmet II erobern Konstantinopel und nennen es Istanbul. Istanbul wird Hauptstadt des Reichs, das sich von Syrien über Mesopotamien, Ägypten und Osteuropa bis nach Nordafrika erstreckt. Ihre Herrschaft erreicht ihren Höhepunkt unter Süleiman dem Prächtigen, der 1522 Rhodos sowie 1523 Bodrum erobert.

1683
Der Zenit des Osmanischen Reichs ist nach der zweiten mißlungenen Belagerung von Wien überschritten.

Osmanische Männerkleidung (frühes 19. Jh.)

Im ganzen Land gedenkt man dem tief verehrten Staatslenker Atatürk

Um 1800
Die Macht der Osmanen nimmt ab, als sich die europäischen Großmächte gegen Rußland zusammenschließen.

1853–1856
Der Krimkrieg verstärkt den Zusammenschluß der westlichen Mächte.

1908
Die »Jungtürken« rebellieren gegen das Sultanat und die ausländische Bevormundung.

1914–1918
Auf der Seite des Deutschen Reiches und Österreich-Ungarns tritt das Osmanische Reich in den Ersten Weltkrieg ein. Anfängliche Erfolge gegen die Alliierten, wie z. B. die Verhinderung der Besetzung der Halbinsel Gelibolu (Gallopoli), können die Kapitulation jedoch nicht abwenden. Der Waffenstillstand von 1918 besiegelt gleichzeitig das Ende des Ende des Osmanischen Reiches.

1919–1922
Griechisch-Türkischer Krieg: Türkische Truppen vertreiben die Griechen aus den besetzten Gebieten Westanatoliens.

1923
Gründung der Republik Türkei; erster Präsident ist Mustafa Kemal (»Atatürk«).

80er Jahre
Die türkische Küste zieht Westeuropäer an, die auf der Suche nach Einfachheit, Sonne und Meer sind. Rucksacktouristen sind die ersten, die die noch unerschlossenen kleinen Fischerdörfer entdecken. Später entwickeln sich aus diesen Dörfern wichtige Ferienorte. Man beginnt, große Hotelbauten zu errichten.

90er Jahre
Nach dem Tod von Präsident Türgüt Özal wird Süleyman Demirel sein Nachfolger und Tansu Çiller erste Ministerpräsidentin der Türkei, auf die Necmettin Erbakan folgt (1997 Rücktritt), dessen Wohlfahrtspartei 1998 verboten wird. 1998 wird der 75. Jahrestag der Gründung der Türkischen Republik landesweit begangen.

Ruhe und Entspannung

Vogelwelt
Auch wenn in Schutzgebieten wie dem Dilek Milli Parkı die meisten Arten leben, so kann man doch fast überall Vögel beobachten. Störche bauen auf hohen Gebäuden riesige Nester, Adler, Bussarde und Geier schweben in lichter Höhe. Bei Spaziergängen in landwirtschaftlichen Gebieten an der Küste kann man am Boden Haubenlerchen und auf Telefonleitungen farbenprächtige Bienenfresser und Blauracken entdecken.

In Touristenzentren wie etwa Bodrum, wo die Diskos und Bars erst um Mitternacht zum Leben erwachen, scheint es schwierig, Ruhe und Entspannung zu finden. Doch selbst in den großen Ferienorten gibt es in der Nähe ruhige Plätze. Von Bodrum aus kann man sehr gut Küste und Inseln mit dem Boot erkunden, und die Halbinsel Bodrum selbst ist in stark zerklüftet und relativ unverbaut.

Der Dilek Milli Parkı (➤ 40) liegt in der nördlichen Ägäis nur 30 km südlich von Kuşadası. Am besten sollte man diesen Nationalpark mit einem eigenen Fahrzeug erkunden. Im Park können Sie den Samsun Dağı (1237 m) von dem Dorf Eskidoğanbey aus besteigen (vorzugsweise nicht in den Sommermonaten). Hier kann man hervorragend Wildtiere beobachten und die Landschaft genießen. Etwas entfernt von den wichtigsten Touristenzentren liegt südlich des Marmarameers der Kuşcenneti Milli Parkı, ein Paradies für Vogelfreunde (➤ 49). Nahe Selçuk befindet sich das mit öffentlichen Verkehrsmitteln erreichbare, ehemalige griechische Dorf Şirince, das seinem Namen (»Heiterkeit«) alle Ehre macht und zudem ein guter Ausgangspunkt ist für eine Wanderung zwischen den Apfel- und Aprikosenhainen auf den umgebenden Hügeln. Weiter südlich kann man von Fethiye (➤ 68f) aus ruhige Dörfer entdecken, die zwar mitten auf dem Land, doch nahe der Küste gelegen sind. Wenn Sie außerhalb der Hauptsaison reisen, sollte es kein Problem darstellen, preisgünstige Unterkunft in einer *pansiyon* (wie etwa Anita & Ned's ➤ 102) mit Hausmannskost und Gastfreundschaft zu finden. In der nördlichen Ägäis bieten die Inseln Gökçeada (➤ 45) und Bozcaada (➤ 37) einen ruhigen Kontrast zur türkischen Ägäis. Bozcaada ist zwar kleiner, eignet sich jedoch am besten für einsame Landspaziergänge und bietet fast menschenleere Strände.

Bafa Gölü (Bafa-See)

Dieses Vogel- und Wildtiergebiet wurde 1994 zum Natur- und Nationalpark erklärt. Am besten quartiert man sich im Dorf Kapıkırı nahe Herakleia (➤ 45) ein. Einige der *pansiyons* können Führer für Trekkingtouren organisieren (➤ 100). Für weitere allgemeine Informationen schreiben Sie an PO Box 18, Bebek, 80810 Istanbul ☎ 0212 281 0321; Fax 0212 279 5544.

Abseits der Touristenströme
Oben: *Sonnenuntergang am Bafa Gölü (Bafa-See)*
Links: *Futterzeit im Adlernest*

Berühmtheiten der Westtürkei

Homers Werke
Sowohl die *Ilias* als auch die *Odyssee* sind eigentlich der geeignete Lesestoff für eine Reise in die Westtürkei. Beide Werke sind immer wieder ins Deutsche übertragen worden. Besonders erwähnenswert sind die Übersetzungen des Altphilologen Wolfgang Schadewaldt, der 1958 die *Odyssee* und 1975 die *Ilias* bearbeitete.

Homer (ca. 8. Jh. v. Chr.)

Homers Epen, die *Ilias* und die *Odyssee*, bilden die Grundsteine der europäischen Literatur. Homer wurde wahrscheinlich in Smyrna, dem heutigen İzmir, geboren. Strabo, der aus Tralles (Aydın, ➤ 35), stammte, beschreibt in seiner im 2. Jahrhundert verfaßten *Geographie* einen Schrein und eine Statue des Dichters, die in der Stadt errichtet worden waren. Über Homer weiß man sehr wenig, sogar seine Existenz ist bisweilen bestritten worden. Heute ist man sich weitgehend einig, daß die *Ilias* und die *Odyssee* in der zweiten Hälfte des 8. Jahrhunderts aus älteren Werken zusammengestellt worden sind. Die *Ilias* erzählt die Geschichte der Belagerung Trojas (➤ 55). Diese dauerte zehn Jahre, bis die Griechen mit viel List und der Hilfe eines Holzpferdes in die Stadt eindrangen. Die *Odyssee* schildert die Abenteuer, die der Held Odysseus auf seinem Heimweg nach dem Krieg überstehen muß.

Der berühmte Historiker Herodot wuchs in einer der zahlreichen Kolonien auf, die an der Ägäisküste der heutigen Türkei errichtet wurden

Herodot (ca. 490–ca. 425 v. Chr.)

Der »Vater der Geschichtsschreibung« wurde zu Beginn des 5. Jahrhunderts in Halikarnassos (Bodrum, ➤ 58 ff) geboren. Er unternahm weite Reisen, die ihn mitunter nach Griechenland, Ägypten, Persien und Italien führten. Gegenstand seines Forschungsberichtes sind die Auseinandersetzungen zwischen Griechenland und Persien. Besonders beeindruckten ihn die Lyder und deren reicher König Krösus, der in der Hauptstadt Sardes regierte.

In einer seiner Anekdoten erzählt er, wie Krösus vom persischen König Kyros gefangengenommen wird. Krösus fragt, wie sich die persischen Soldaten in Sardes benehmen. »Sie plündern es«, grinst Kyros, »und zwar auch deinen ganzen Besitz.« Krösus erwidert: »Nicht meinen Besitz plündern sie, mein Freund, inzwischen ist es vielmehr dein Vermögen, das sie stehlen.« Daraufhin setzt Kyros den Plünderungen rasch ein Ende.

10 Top-Attraktionen

Oben: *Das Theater in Hierapolis ist eine gründliche Erkundung wert*
Rechts: *Die berühmte Artemis-Statue von Ephesos*

1
Aphrodisias: Stadion

30C2

40 km südöstlich von Nazilli

Sommer 8–19 Uhr; Winter 8–17.30 Uhr

Restaurants ($–$$) in Karacasu, 13 km nach Westen

Dolmuş oder Minibus ab Karacasu oder Nazilli

nein

Ausflüge ab Kuşadası und anderen Ferienorten

Aphrodisias ➤ 34

Das Stadion von Aphrodisias war jahrhundertelang den Blicken verborgen, bis Archäologen die gesamte Anlage ausgruben

In der Türkei zieren Stadien viele antike Stätten, doch keines kann dem Vergleich mit dem in Aphrodisias standhalten

Der Begriff »Stadion« bezeichnete im antiken Griechenland ursprünglich ein etwa 200 m umfassendes Längenmaß und gleichzeitig die Distanz, über die damals die kürzesten Wettrennen abgehalten wurden. Mit der Zeit änderte sich die Bedeutung des Worts; der Begriff bezeichnete eine öffentliche Arena, in der Wettrennen und andere Wettkämpfe abgehalten wurden. Das Stadion von Aphrodisias ist etwas über 263 m lang; auf seinen 25 Sitzreihen fanden 30 000 Zuschauer Platz. Sein exzellenter Zustand ist überwiegend dem türkischen Professor Kenan Erim und seinem Team an der New York University zu verdanken. Zwischen 1961 und seinem Tod 1990 baute er Aphrodisias praktisch wieder auf. Das Stadion war infolge von Erdbeben im Mittelalter verschüttet worden; ab dem 13. Jahrhundert entvölkerte sich Aphrodisias und war seitdem mehr oder minder in Vergessenheit geraten.

Am besten folgt man dem Rundweg und wendet sich zuerst dem Theater und dann dem Odeon und dem Aphrodite-Tempel zu. Kurz danach führt der Weg etwa 200 m in nördlicher Richtung zum spektakulären Stadion. Die Römer waren darauf bedacht, die griechische Tradition sportlicher und künstlerischer Wettkämpfe aufrechtzuerhalten, die im Rahmen religiöser Festlichkeiten abgehalten wurden. Die beeindruckende Größe des Stadions zeigt, welche Bedeutung der öffentlichen Unterhaltung beigemessen wurde. Das Stadion war Schauplatz wichtiger Feste und Wettkämpfe. Neben Wettrennen, Ring- und Faustkämpfen sowie dem Fünfkampf hielten die Römer Wagenrennen und Gladiatorenkämpfe ab.

2 Bodrum Kalesi (Kastell St. Peter)

Das großartige Beispiel der Kreuzfahrerarchitektur des 15. Jahrhunderts beherbergt heute das Museum für Unterwasser-Archäologie

Der Hafen von Bodrum wird von dem Kastell beherrscht

Die Ritter des Johanniterordens aus Jerusalem erreichten Bodrum 1402 und wählten einen geeigneten Platz für ein Kastell aus. Die erste der doppelten Zwischenmauern wurde 1437 vollendet, doch die Bauarbeiten dauerten bis 1522; kurz darauf mußten die Johanniter Bodrum verlassen, da Süleiman der Prächtige ihr Hauptquartier auf Rhodos erobert hatte.

Im äußeren Hof findet sich eine beeindruckende Sammlung von Amphoren, die wie die meisten Exponate des Museums von versunkenen Schiffen stammen. Im Hauptgebäude befanden sich getrennte Türme für die englischen, französischen, italienischen und deutschen Ritter, die jeweils ihr eigenes Wappen trugen.

Die Halle des Glaswracks (gesonderte Eintrittskarten) beherbergt ein sorgfältig restauriertes byzantinisches Handelsschiff aus dem 7. Jahrhundert – eines der ältesten erhaltenen Schiffswracks der Welt – sowie dessen Ladung Glaswaren. Die karische Prinzessin (gesonderte Eintrittskarten) ist nach dem königlichen Leichnam benannt, der 1989 mitsamt Sarkophag gefunden wurde. In dem im pseudo-mittelalterlichen Stil restaurierten Englischen Turm schmücken Waffen und Trophäen die Wände, Angestellte in mittelalterlichen Kostümen verkaufen Wein. Vom Dach des Kastells oberhalb des Raums der karischen Prinzessin hat man einen herrlichen Blick über Bodrum und den Hafen. Morbidere Naturen erfreuen sich eher an den restaurierten, mit makabren Szenen und Sound-Effekten ausgeschmückten Kerkern.

58B1

Bodrum, hinter dem Fremdenverkehrsbüro

(0252) 316 2516

8.30–12, 13–17 Uhr (Juli und Aug. auch länger). Mo geschl.

Cafés ($) im Kastell

Begrenzt. Videoraum für behinderte Besucher

Preiswert bis mittel, je nachdem, wie viele Abteilungen man besucht

Bodrum ➤ 58ff

3
Çeşme

Der Ferienort Çeşme hat sein türkisches Erbe erhalten können

Çeşme, der größte und berühmteste Badeort in der Umgebung von İzmir, ist ein typisch türkischer Ferienort

30A3

80 km westlich von İzmir

Burg und Museum 8.30–12, 13–17.30 Uhr. Mo geschl.

Restaurants ($–$$) am Wasser

Dolmuş oder Minibus ab İzmir

Griechische Insel Chios, 9 km entfernt

Nähe Pier
(0232) 712 6653)
Juli–Sept. Mo–Fr 8.30–19 Uhr; Okt.–Apr. tägl. 8.30–12, 13–17 Uhr

preiswert

İzmir ➤ 31ff
Siğacık ➤ 54

In Ufernähe stehen viele gut erhaltene Häuser aus dem 19. Jahrhundert, weshalb sich eine abendlicher Spaziergang durch die Straßen auf jeden Fall lohnt. Das Wort »çeşme« (Tschesch-ma) bedeutet »Brunnen«, und auch heute noch plätschern in der Stadt einige alte osmanische Brunnen. Bedeutendste Attraktion Çeşmes sind die Heilquellen der Region, deren Wirkung Sie auch in einigen der örtlichen Hotels probieren können. Wunderschön verzierte Balkone schmücken viele der osmanischen Gebäude, zudem gibt es zwei Moscheen aus dem 18. Jahrhundert. Die Stadt wird von einem genuesischen Kastell aus dem 14. Jahrhundert dominiert, das heute ein kleines, schlichtes Museum beherbergt.

Auch wenn Çeşme im Gegensatz zu Bodrum und Kuşadası kein turbulenter Ferienort ist, so bietet die Stadt dennoch durchaus Unterhaltungsmöglichkeiten. So kann man in jeder der über die Stadt verteilten Agenturen einen Tagesausflug nach Hĝos (Chios) oder einen Ausflug nach Italien via Brindisi buchen. Im Zentrum lockt ein Türkisches Bad mit entspannenden Genüssen. Çeşme selbst weist zwar kein Nachtleben auf, in der Umgebung gibt es jedoch eine Reihe von gut besuchten Diskotheken und Lokalen (➤ 112). Das etwa 4 km östlich gelegene Ilica bietet die meiste Abendunterhaltung und außerdem den besten Strand in der Umgebung. Am ungeschützteren Strand von Boyalık entschädigen heiße Quellen am Meeresboden für die kühlen Lufttemperaturen.

4
Efes (Ephesos): Großes Theater

In diesem römischen Theater fanden 24 000 Menschen Platz. Von der obersten Reihe aus hat man eine herrliche Aussicht über das antike Ephesos.

Detailansicht der Dekoration hinter der Bühne von Ephesos

Um etwa 60 n.Chr. spielte sich hier ein wirkliches Drama ab, als der Apostel Paulus während einer Predigt eine anti-christliche Demonstration auslöste (Apostelgeschichte 19, 24–41). Ein heidnischer Silberschmied mit Namen Demetrius bezichtigte die Christen der Respektlosigkeit gegenüber der Göttin Artemis, worauf eine Revolte ausbrach. Paulus verließ Ephesos darauf, so daß Demetrius und andere ihren Handel mit Artemis-Devotionalien wieder aufnehmen konnten.

Im klassischen Griechenland gab es keine Theaterbühnen, die Aufführung fand auf einer Spielfläche (Orchestra) statt. Im Hellenismus verwendete man eine kleine Bühne, die von den Römern in einen doppelt so großen, bis zu etwa 6 m tiefen Bühnenbau umgestaltet wurde. Von daher stammen die geschmückte doppelte Säulenreihe und die Reihe von Pilastern, die heute noch stehen – sie dienten einst als Stützpfeiler für das Bühnenhaus. Vom Bühnenbereich mit seinen verschiedenen Eingängen aus kann man sehen, wie das Auditorium allmählich immer steiler wird. Im Auditorium selbst sollten Sie zuhören, wenn jemand im Bühnenbereich spricht: Die Akustik ist immer noch ausgezeichnet, obwohl die Griechen und Römer zudem noch akustische Hilfen aus Bronze und Lehm an strategischen Punkten plazierten. Von den oberen Sitzreihen aus hat man einen phantastischen Blick auf die als Arkadiane (Arkadenstraße) bekannte Straße. Das Schilf am äußersten Ende zeigt, wo sich einst der Hafen befand.

30B3

3 km ab Selçuk

(0232) 892 6402/892 6940

8–18.30 Uhr (17.30 Uhr im Winter)

Restaurants (nicht zu empfehlen) am unteren Eingang. Bringen Sie Proviant mit oder essen Sie in Selçuk (➤ 53)

Busse ab Selçuk, von Kuşadası und İzmir

Selçuk ➤ 53

nein

preiswert

Selçuk ➤ 53
Meryemana ➤ 50
Kuşadası ➤ 46f

5
Hierapolis

30C3

Pamukkale, 19 km nördlich von Denizli

Museum 9–12, 13.30–17 Uhr., Mo geschl.

Motel Koru ➤ 70 und Restaurants ($–$$) nahe dem Museum

Dolmuş/Minibus ab Denizli, Fernbus von Marmaris, Kuşadası, Fethiye und anderen Orten

gegenüber dem Museum ☎ (0258) 272 2077 8–12,13.30–19.30 Uhr (13.30–17 Uhr im Winter)

nein

preiswert

Pamukkale ➤ 22f
Laodikeiá ➤ 49

Überwältigend: das riesige Theater in Hierapolis

Hierapolis wird von kolossaler römischer Architektur dominiert. Das Theater ist riesig, und die Nekropole zählte zu den größten in Asia Minor.

Zwar wurde Hierapolis bereits unter Eumenes II., König von Pergamon (➤ 24), im 2. Jahrhundert v.Chr. gegründet, doch die heute zu bewundernden Monumente sind »Neubauten«, die von den Römern errichtet wurden. Die Ansiedlung wurde von Anfang an mit den geheimnisvollen nahegelegenen Quellen von Pamukkale in Verbindung gebracht (➤ 22f), worauf auch der Name Hierapolis (»Heilige Stadt«) zurückzuführen ist. Verweilen Sie zuerst in der obersten Sitzreihe, um die riesige Dimension des römischen Theaters zu erleben. Gehen Sie dann hinunter in die Orchestra, von wo aus man zu den schönen Reliefs hinter der Bühne gelangt. Wenn Sie noch Zeit haben, sollten Sie nach rechts dem Pfad vorbei an den Überresten der Stadtmauer folgen, bis Sie links zu den Ruinen der Grabkirche des Heiligen Philippus (Martyrion) gelangen. Wenn Sie nur wenig Zeit haben, sollten Sie zum Parkplatz zurück und von dort nach rechts zur Frontinus-Straße gehen. Diese römische Arkadenstraße beginnt gleich hinter dem Motel Koru auf der anderen Straßenseite. Am nördlichen Ende der 4 m breiten Straße erhebt sich ein Tor, das 84 n.Chr. zu Ehren des Kaisers Domitian errichtet wurde. Wenn Sie zum Domitiansbogen gehen, sollten Sie nach den gut erhaltenen, römischen öffentlichen Toiletten Ausschau halten. Gehen Sie durch den Torbogen und spazieren Sie bis zur großen Nekropole. In den römischen Bädern befindet sich heute ein Museum.

6
Ölüdeniz

Der von Pinienwäldern umgebene, an kristallklarem Wasser gelegene weiche Sandstrand erstreckt sich über 3 km – meiden Sie jedoch die Hauptsaison.

Der Name des schönsten Strandgebiets der Türkei bedeutet »totes Meer« und bezieht sich auf das ruhige, fast abgeschnittene Gewässer. Ölüdeniz ist eine warme, geschützte Lagune, die trotz des fehlendes Blicks auf das offene Meer hinreißend ist. Während der sommerlichen Hauptsaison drängeln sich hier die Menschen, außerhalb der Saison kommt ihm nur wenig an Schönheit gleich. Die Strände sind so lang, daß man in der Regel immer einen geeigneten Platz findet – etwas schwerer tut man sich jedoch an Sommerwochenenden. Der malerischste Strandabschnitt zieht sich um die Lagune. Dieser abgeteilte Strand, für den man zusätzlich Gebühren entrichten muß, ist vor allem bei türkischen Familien beliebt, wogegen andere Feriengäste den langen Abschnitt bei Belceğiz bevorzugen.

Trotz der zahlreichen Besucher in Ölüdeniz konnte bislang die ursprüngliche Schönheit der Gewässer erhalten werden. Jachten ist die Zufahrt in die geschützte Lagune untersagt, zudem versucht man, wild wuchernden Hotelbauten Einhalt zu gebieten. Jedoch verunzieren Werbetafeln für Hotels an der Straße von Fethiye nach Ölüdeniz die Landschaft, und die Umgebung ist touristisch sehr erschlossen. Die geschützten Gewässer der Lagune eignen sich ideal für Kanufahrten, Kajaks können gemietet werden. Nachts bieten zahlreiche Treffpunkte in Ovacik und Hisarönü Gelegenheit zum Feiern, doch die Küche der großen Restaurants läßt sehr zu wünschen übrig. Nehmen Sie sich am besten ein Picknick zum Mittagessen mit.

30C1

15 km südl. von Fethiye

Restaurants ($–$$) am Strand

Dolmuş oder Minibus ab Fethiye

nein

Strandbegühr

Fethiye ➤ 68f

Das schöne Ölüdeniz ist kein Geheimtip mehr

7
Pamukkale

30C3

19 km nördlich von Denizli

(0258) 261 3393

Motel Koru ➤ 70 und Restaurants ($–$$) nahe dem Museum

Dolmuş oder Minibus ab Denizli, Fernbusse ab Marmaris, Kuşadası, Fethiye und anderen Orten

Der Thermalquellteich war bereits bei den Römern beliebt. Beim Schwimmen stößt man gegen die Säulen eines antiken Säulengangs.

Wenn das heiße Quellwasser auf einem etwa 100 m über dem Lycos-Tal gelegenen Plateau an die Oberfläche gelangt, kühlt es ab. Dabei gibt das teilweise dissoziierte Kalziumbikarbonat Kohlendioxid ab, und das verbleibende Kalziumkarbonat verfestigt sich. Die prosaische Chemie wird jedoch dem märchenhaften Zauber von Pamukkale keinesfalls gerecht. Über schneeweiße Kalkterrassen, asymmetrische Becken, bizarre Formationen und Stalaktiten fließt das Wasser ins Tal.

Vom Tal aus sieht man an, daß das Hochplateau auf der einen Seite mit zahlreichen weißen Klippen überzogen ist. Hiervon leitet sich auch der Name Pamukkale, »Baumwollschloß«, ab. Die antike Stadt Hierapolis entwickelte sich aufgrund der als heilig angesehenen Quellen, später errichteten die Römer hier ein Heilbad. Seitdem waren hier so viele Besucher zu verzeichnen, daß Maßnahmen zum Schutz der natürlichen Formationen getroffen werden mußten. Obwohl Schilder darauf hinweisen, daß in den Becken keine Schuhe getragen werden dürfen, sind Abnutzungserscheinungen auf den Terras-

Die weißen Kalksinterterrassen von Pamukkale sind ein überwältigendes Naturwunder

sen deutlich erkennbar. Bleiben Sie über Nacht, um die bizarre Schönheit in der Abenddämmerung zu genießen. Das Pamukkale-Motel verfügt über einen Pool, in dem sich eine Sammlung alten Mauerwerks aus dem antiken Hierapolis (➤ 20) befindet. Setzen Sie Ihren Besuch früh an, damit Sie sich das Vergnügen nicht mit Busreisenden teilen müssen.

Gegenüber dem Museum ☎ (0258) 268 6539/ 272 2077
🕐 8–12, 13.30–19.30 Uhr (13.30–17.30 Uhr im Winter)

nein

preiswert

Kombi-Ausflug nach Pamukkale und Hierapolis von den meisten Orten aus

Hierapolis ➤ 20
Laodikeiá ➤ 49

Einem Bad in diesem geschichtsträchtigen Heilwasser kann man nur schwer widerstehen

8
Pergamon (Bergama)

Die extrem steile Akropolis von Pergamon verfügt über 80 Sitzreihen

Die beiden Hauptattraktionen sind die Akropolis, ein majestätisches Monument politischer Macht, und das der Heilkunst gewidmete Asklepieion.

30B4

Akropolis: 6 km nördlich von Bergama. Asklepieion: 2 km südlich von Bergama

Akropolis und Asklepieion: Sommer 8.30–19 Uhr; Winter 8.30–17.30 Uhr

Restaurants ($) in Bergama

Busse nach Bergama von Ayvalık und İzmir

(0232) 633 1862
Sommer tägl. 8.30–19 Uhr; Winter Di–So 8.30–12, 13–17.30 Uhr

nein

preiswert

Bergama ► 36

Das in der hellenistischen Ära zu Macht gekommene Pergamon wurde vom letzten pergamenischen König, Attalos III., 133 v.Chr. an Rom vermacht. Pergamon blieb eine wichtige Stadt, in der es heute viel zu besichtigen gibt. Am einfachsten schließt man sich einer organisierten Führung an, in deren Rahmen man auch zur gleichsam interessanten, vom Asklepieion 8 km entfernten Akropolis gefahren wird. Oder Sie mieten sich ein Taxi und erkunden beide Stätten auf eigene Faust.

Die 80 Sitzreihen des steil angelegten griechischen Theaters auf der Akropolis sind aus dem Felsen gehauen. Auf der Rückseite der Orchestra sieht man noch heute die Verankerungslöcher für die Kulissen. Der teilweise restaurierte Trajan-Tempel vermittelt einen Eindruck von der Großartigkeit der Anlage unter den Römern. Seine bedeutenden Kunstschätze, die Reliefs des Zeusaltars, wurden jedoch bereits im 19. Jahrhundert in das Berliner Pergamon-Museum verbracht. Am äußersten westlichen Ende des heutigen Bergama befand sich das Asklepieion, der wichtigste Kurort der antiken Welt. Die Patienten schliefen im Heiligtum und hofften, durch göttlichen Einfluß geheilt zu werden. Ihre Träume wurden von Priesterärzten gedeutet, die Bäder in dem noch heute hier fließenden heiligen Wasser verschrieben. Sehenswert sind die Reste eines Zeustempels und das kleine, gut erhaltene Theater in der nordwestlichen Ecke. Im südwestlichen Teil der Anlage finden sich die Überreste der öffentlichen Latrinen.

9
Fethiye: Felsengräber

Das antike Volk der Lyker hinterließ rätselhafte Spuren. Als Fethiye 1957 durch ein Erdbeben zerstört wurde, blieben die Felsengräber unversehrt.

Fethiye liegt auf dem Gelände des lykischen Hafens Telmessos. Von dieser antiken Stadt sind jedoch nur noch die in den Felsen gehauenen Gräber hoch über Fethiye geblieben. Steile Stufen führen zum beeindruckendsten Grabmal des Amyntas. Das tempelartige Bauwerk schmücken zwischen zwei Pfeilern zwei an der Spitze mit Rosetten verzierte ionische Säulen. Eine verblaßte Inschrift auf dem linken Pfeiler berichtet, daß das Grab Amyntas gehörte und verzeichnet auch den Namen seines Vaters. Ansonsten weiß man nichts über die Familie bzw. das Bauwerk aus dem 4. Jahrhundert v.Chr. In der Hauptkammer befindet sich eine Tür mit vier Paneelen, die immer noch die originalen Eisenbeschläge aufweisen, obwohl irgendwann in der Vergangenheit Grabräuber in die Kammer eingedrungen sind. Die Eisenbeschläge sind Nachbildungen der Bronzenägel, die die hölzernen Portale der griechischen Tempel verzierten.

30C1

Fethiye

8.30–Sonnenuntergang

Restaurants in der Stadt ($–$$) und ein Café ($) am Eingang

Busse nach Fethiye ab Bodrum, Denizli, İzmir, Marmaris, Pamukkale, Patara

➤ 68

nein — preiswert

Fethiye ➤ 68f

Beeindruckend: das Grab des Amyntas

10

Xanthos und das Harpyiengrab

30C1

Nördlich von Kınık, 63 km von Fethiye

Mai–Okt. 7.30–19 Uhr; Nov.–Apr. 8–17 Uhr

Café ($) auf der anderen Straßenseite; bringen Sie sich besser Proviant mit

Dolmuş oder Minibus ab Fethiye oder Kalkan

nein

preiswert

Xanthos ➤ 90
Letoon ➤ 77
Kalkan ➤ 75
Pinara ➤ 85
Tlos ➤ 88
Sidyma ➤ 88

»Archäologen« brauchten 1842 zwei Monate, um Xanthos seiner Kunstschätze zu berauben. Trotzdem ist die Stätte auch heute noch sehenswert.

Beginnen Sie die Besichtigung dieser antiken Stadt, indem Sie im römischen Theater Platz nehmen und die Atmosphäre auf sich einwirken lassen. Genießen Sie den Blick auf die Orchestra, die noch heute mit Trümmern von Steinmetzarbeiten von der Bühne und ihrer Säulenfassade übersät ist. Die bedeutendsten Denkmäler von Xanthos sind jedoch die lykischen Pfeilergräber, die weder in der griechischen noch in der orientalischen Kunst eine Entsprechung haben. Diese Art der Bestattung wurde nur zwischen dem 6. und der Mitte des 4. Jahrhunderts v. Chr. gepflegt. Westlich des Theaters befinden sich zwei aufragende Pfeilergräber, darunter das sogenannte Harpyiengrab (oder der Harpyienpfeiler) aus dem Jahr 480 v. Chr. Den oberen Teil des turmartigen Pfeilers (jetzt knapp 6 Meter hoch) schmücken Reliefs, wobei es sich um Gipsabdrücke handelt (Original-Reliefs heute im Britischen Museum in London). Ebenfalls im oberen Teil befanden sich die Grabkammern. Die Reliefs stellen Frauen und Männer dar, die von ihren Verwandten geehrt werden. Ihre Seelen, wiedergegeben in Kindergestalt, werden von Harpyien, Vogelwesen mit Frauenkopf, himmelwärts getragen. Vielleicht ist dieser Glaube der Grund für diese Art des Bestattungskults. Das zweite Pfeilergrab krönt ein Sarkophag, der einem Giebelhaus nachempfunden ist (etwa 4. Jahrhundert v. Chr.).

Die Ruinen eines römischen Theaters und die lykischen Pfeilergräber

Sehenswürdigkeiten

Besucher der türkischen Westküste werden von den Einheimischen gerne willkommen geheißen

Nördliche Ägäis

In dieser Region gibt es viel zu entdecken. Wichtigstes Touristenzentrum ist Kuşadası, einer der lebhaftesten Ferienorte an der türkischen Küste. Von hier aus kann man sehr gut Tagestouren zu den wichtigsten Sehenswürdigkeiten wie Ephesos, Pamukkale und Hierapolis unternehmen. İzmir ist eine attraktive, allerdings auch hektische Stadt, die jedoch, anders als die kleinen Ferienorte, dem Besucher einen faszinierenden Einblick in die türkische Stadtkultur bietet. Es ist zudem Ausgangsort für einen Besuch des idyllischen Artemis-Tempels in der Nähe des antiken Sardis, in dem der sagenhaft reiche Krösus im 6. Jahrhundert v.Chr. lebte. Nördlich von İzmir findet man einige wichtige historische Stätten: das antike Pergamon, die historisch, aber auch aus den Mythen bekannte Stadt Çanakkale und das Schlachtfeld von Gallipoli. Nur eine kurze Tagesreise ins Inland entfernt liegt schließlich Troja, die Stadt Homers.

Was sein Homer besungen,
das meinte der Entdecker
nach jahrelangem Trachten
jetzt mit Händen zu greifen.

Schliemanns Ehefrau Sophie (1891)

Das Dorfleben ist vom Tourismus noch weitgehend unbeeinflußt.

ÄGÄISCHE KÜSTE
GR
Kara Deniz
Çorlu
E80/100
İSTANBUL
E80/0-4
Tekirdağ
İpsala
E84/110
Keşan
E87/550
Sarköy
Marmara Adası
Marmara
Denizi
Boğaziçi
Adalar
Yalova
Samothráki
Gelibolu
Erdek
İznik Gölü
Mudanya
Gemlik
Gökçeada
E90/200
Denizli
Bandırma
Kabatepe
Lâpseki
Biga
Kuşcenneti Milliparkı
Karacabey
Gölyazı
Bursa
Eceabat
Çanakkale
Kuş Gölü
Gönen
Uluabat Gölü
İnegöl
Çanakkale Boğazi
Mustafakemalpaşa
2543m Uludağ
Truva (Troja)
Yenice
Susurluk
Bozcaada
Ezine
Ayvacık
Edremit
Balıkesir
Dursunbey
Tavşanlı
Baba Burun
Chryse
Assos
Ören
230
Burhaniye
Alibey Adası
Alaçam Dağları
240
Ayvalık
E87/550
4
Pergamon
Sındırgı
Bergama
Lésvos
Simav
Demirci
Çandarlı
Akhisar
Ege
Demirköprü Barajı
İzmir Körfezi
Yenifoça
565
Marmara Gölü
Uşak
Karaburun
Gediz
Manisa
Foça
Turgutlu
E96/300
Kula
Ildır
İnciraltı
Salihli
Chíos
Çeşme
Urla
İzmir
Sardis
Ilıca
Adigüzel Barajı
3
Boz Dağları
Alaşehir
Sığacık
Teos
Ödemiş
Denizi
Klaros
Tire
Buldan
Menderes
Notion
0-31
Hierapolis
Selçuk
Meryemana
Nyssa
Nazilli
Efes
Aydın
Pamukkale
Sámos
Kuşadası
E87/320
Büyük
Denizli
Magnesia
Laodikeia
Söke
Karacasu
Dilek Yarımadası Milliparkı
525
Bafa Gölü
Afrodisias
Priene
Herakleia
Çine
Kemer Barajı
Tavas
Ikaría
Alinda
Milet
Kale
Didim
Labranda
Akçay
Acıpayam
Çamiçi
Pátmos
Yatağan
Gölgeli Dağları
Altınkum
Euromos
550
İasos
Milas
2
Muğla
Dalaman
Léros
Yalıkavak
Sideyri Adası
Gümüşlük
Ortakent
Ören
Kálymnos
Turgutreis
Bodrum
400
Köyceğiz
Gökova Körfezi
Kaunos
Marmaris
Dalyan
Dalaman
Kós
Körmen
Göçek
Amorgós
İçmeler
İstuzu
Çalış
Knidos
Datça
Turunç
Fethiye
Dodekánisos
Gyalí
Bozburun
Telmessos
Kayaköy
Nísyros
Sými
Ölüdeniz
Tlos
Anáfi
Astypálaia
Pinara
Sidyma
Tílos
Saklıkent
Letoon
Chálki
Xanthos
Kalkan
1
Patara
Ródos
0
50
100 km
Ak Deniz
A
B
C

İzmir

İzmir ist mit fast drei Millionen Einwohnern nicht nur die drittgrößte Stadt der Türkei, sondern auch ein Ort mit einer langen Geschichte. Hier soll im 9. Jahrhundert v.Chr. Homer gelebt haben. Die Stadt wurde von den Lydern zerstört und lag über 300 Jahre in Ruinen darnieder, bis Alexander der Große eine neue Stadt auf dem Gipfel des Berges Pagus gründete.

Das moderne İzmir (früher Smyrna) erlebte seinen Höhepunkt im 19. Jahrhundert. Damals war die Stadt sowohl Handelshafen als auch ein kosmopolitischer Treffpunkt für Händler aus Ost und West. Im Griechisch-Türkischen Krieg während der Jahre 1919 bis 1922, der dem Ersten Weltkrieg folgte, wurde es zum zentralen Kriegsschauplatz. Durch Erdbeben und eine Feuersbrunst im Jahre 1922 brannten die griechischen Gebiete und in der Folge drei Viertel der Stadt nieder. Der heutige Besucher erlebt eine moderne Metropole mit einem typisch türkischen Basar, den man auf keinen Fall verpassen sollte (➤ 104). Zwei Museen vermitteln einen guten Überblick über die antike und moderne Geschichte der Stadt (➤ 32). Ein weiterer sichtbarer Zeuge der Vergangenheit ist der Berg Pagus. Als hier einst Alexander der Große nach einer Jagd rastete, erschien ihm eine Göttin, die ihn drängte, eine neue Stadt zu gründen. Vom Gipfel aus hat man einen phantastischen Blick über die Stadt und auf die Bucht, die İzmir auch heute noch zu einem der wichtigsten Häfen der Ägäis macht.

30B3

418 Atatürk Caddesi

(0232) 422 0207

İzmir ist die drittgrößte Stadt der Türkei (ganz unten)*; ihre Altstadt ist einen Besuch wert*

Sehenswürdigkeiten in İzmir

AGORA ✪

30B3
816 Sokak
(0232) 425 5354
Sommer 8.30–17.30 Uhr; Winter 9–12, 13–17 Uhr
nein
preiswert

Die römische *agora* (Marktplatz) wurde von Kaiser Mark Aurel erbaut, nachdem der ursprüngliche, von Alexander dem Großen gegründete Marktplatz 178 n.Chr. durch ein Erdbeben zerstört worden war. Hauptsehenswürdigkeit ist eine korinthische Kolonnade; die Gegenstände, die man auf der Agora gefunden hat, werden im archäologischen Museum ausgestellt.

ARCHÄOLOGISCHES MUSEUM ✪✪

30B3
Bahri Baba Park
(0232) 484 8324
Di–So 8.30–12.30, 13.30–17.30 Uhr
Café ($) im Museum
nein
preiswert

Dieses exzellente Museum beherbergt griechische und römische Statuen sowie Monumente und Teilstücke von Friesen, die in und um İzmir gefunden wurden. Im Untergeschoß finden sich Beispiele römischer Grabmonumente, doch die interessanteren Kunstwerke sind im Erdgeschoß und im ersten Stock ausgestellt. Zu den archaischen griechischen Kunstwerken gehört eine schöne *kore* (Mädchenstatue).

ETHNOGRAPHISCHES MUSEUM ✪✪

30B3
Bahri Baba Park
(0232) 484 8324
8.30–12, 13–17.30 Uhr, in der Hauptsaison ganztägig
nein
preiswert

Im Erdgeschoß findet man Beispiele osmanischer Architektur, eine rekonstruierte alte Apotheke, eine Ausstellung über die Fabrikation der blauen Perlen gegen den »bösen Blick« und über die Kunst des Kamelringens und des Seilknüpfens. Im ersten Stock sind eine Brautkammer, ein Wohnzimmer aus dem 19. Jahrhundert, ein Beschneidungszimmer sowie Teppich- und Waffensammlungen ausgestellt.

KONAK ✪✪

30B3
ja
frei
Basar So geschl.

Dieser zentrale Platz nahe der Uferpromenade ist das attraktivste Gebiet in der Innenstadt. Gegenüber dem Uhrturm, den der Sultan der Stadt 1901 schenkte, steht eine zauberhafte kleine Moschee, die schöne Emailkacheln zieren. Ganz in der Nähe befinden sich die beiden bedeutendsten Museen der Stadt, das Archäologische und das Ethnographische Museum, sowie der Basar.

Alte Moschee im Herzen von İzmir

Altstadt von İzmir

Beginnen Sie den Spaziergang an der Touristeninformation; dort ist auch ein Stadtplan erhältlich.

Gehen Sie links am Hilton vorbei und an der ersten Kreuzung geradeaus weiter, den Gazi Osmanpaşa Bulvari hinunter. Biegen Sie nach 500 m am Schild zur Agora (► 32) links in die Sokak 920 ein. Von der Agora aus kehren Sie zur Hauptstraße zurück und gehen denselben Weg auf der anderen Straßenseite zurück. Nach etwa 100 m biegen Sie nach links in die Sokak 929 und hier am Ende der Straße bei einer T-Kreuzung in die Anafartalar Caddesi ein.

Dies ist die Hauptverkehrsader, die quer durch den Basar verläuft (► 104). Hier gibt es unzählige Seitenstraßen zu erkunden, wobei man leicht die Orientierung verlieren kann.

Nachdem Sie etwa fünf Minuten die Anafartalar Caddesi entlanggegangen sind, müssen Sie nach einer Kreuzung nahe einer baufällig erscheinenden Moschee auf der rechten Seite Ausschau halten. Halten Sie sich an der Kreuzung links in Richtung Anafartalar Caddesi 1-791, an deren Ende der Konak liegt (► 32). Verlassen Sie den Platz in der Richtung, aus der Sie gekommen sind, und biegen Sie bei der ersten Möglichkeit an einem Brunnen rechts in die Millikutuphane Caddesi ein.

Am Ende dieser Straße befinden sich auf der rechten Seite der Efes-Pub und gegenüber die beiden besten Museen (► 32). Mit dem Bus Nr. 33 nach Kadifekale können Sie von hier aus auf den Berg Pagus fahren.

Weberin vor der Kadifekale oberhalb von İzmir

Länge
5 km

Dauer
3–6 Stunden, je nach Museumsaufenthalt

Start
Fremdenverkehrsamt, 418, Atatürk Caddesi ☎ (0232) 422 0207

30B3

63, 114, 118 (vom Bahnhof), 53, 61, 257 (vom Busbahnhof)

Ziel
Busbahnhof Konak

30B3

Mittagessen
Efes ($)

✉ 7, SSK Işanı, Konak

☎ (0232) 484 7036

Sehenswürdigkeiten der Nördlichen Ägäis

ALİNDA

30B2
25 km nach Westen auf der Straße Aydin–Muğla
Restaurants ($) in Karpuzlu
Dolmuş oder Minibus ab Aydin
nein
preiswert
Aydin ➤ 35

An dieser an den steilen Osthängen des Berges Latmus gelegenen, nur wenig besuchten antiken Stätte kann man beeindruckende Ruinen bewundern. Alexander der Große kam hier einst der Königin von Halikarnassos (Bodrum ➤ 58–62) zu Hilfe und setzte 334 v.Chr. die im Exil Lebende wieder in ihre Herrschaftsrechte ein als Dank für ihre Unterstützung bei der Belagerung von Halikarnassos. Wichtigste Ruine ist die riesige, bemerkenswert gut erhaltene Markthalle sowie das überwachsene kleine Theater, dessen Eingangsgewölbe die Römer hinzugefügt haben. Von hier aus hat man einen überwältigenden Blick über das Dorf Karpuzlu. Noch weiter oben findet sich ein gut erhaltener Wachturm, in dessen Umgebung teils offene Tunnels, die in das Berginnere hineinführen, zu finden sind.

APHRODISIAS

30C2
40 km südöstlich von Nazilli, nahe der Straße Aydin–Denizli
Sommer 8–19 Uhr; Winter 8–17.30 Uhr
Restaurants ($–$$) in Karacasu, 13 km nach Westen
Dolmuş oder Minibus von Karacasu oder Nazilli
nein
Stadion ➤ 16

Bereits in der Bronzezeit wurde diese antike Stätte mit Fruchtbarkeitskulten in Verbindung gebracht; die Griechen nannten sie nach ihrer Liebesgöttin Aphrodite Aphrodisias. Im 8. Jahrhundert v.Chr stand hier ein ihr geweihter Tempel. Die Römer machten Aphrodisias zu einem kulturellen Zentrum, besonders Bildhauer zog es hierher.

Auch wenn Teile der Anlage wegen Restaurierungsarbeiten geschlossen sind, lohnt sich ein Besuch der zugänglichen Ruinen dennoch. Zu sehen sind ein Stadion (➤ 16), ein gut erhaltenes römisches Theater, die Hadrian-Thermen mit gut erhaltenen Bodenkacheln und der Aphrodite-Tempel, der seine Umgestaltung in eine Basilika während der byzantinischen Ära überstand. Nehmen Sie sich Zeit für den Besuch des Museums; es beherbergt eine große Sammlung hier gefundener Skulpturen.

ASSOS

30A4
75 km südlich von Çanakkale, an der Straße Çanakkale–Edremit, nahe dem Dorf Behramkale
Sommer 8–19 Uhr; Winter 8–17 Uhr

Die Ruinen der Stadt thronen auf einer Klippe über dem hübschen Fischerhafen Behramkale. Das von griechischen Kolonisten im 8. Jahrhundert v.Chr. gegründete Assos war als intellektuelles Zentrum so berühmt, daß sich der Philosoph Aristoteles hier für drei Jahre niederließ. Die Stadt wurde später von seinem Schüler Alexander dem Großen erobert. Hauptsehenswürdigkeit ist der rekonstruierte Athena-Tempel (530 v.Chr.). Von hier aus hat man einen spektakulären Blick auf Lesbos. Außerdem gibt es noch sehr gut erhaltene Teile der aus dem 4. Jahrhundert v.Chr. stammenden Stadtmauer zu sehen, und in der Nekropole kann man eine Reihe von Sarkophagen besichtigen. Die Moschee neben den antiken Stätten stammt aus dem 14. Jahrhundert. Bei einem Spaziergang durch Behramkale kann man eine alte osmanische Brücke bewundern, die aus Überresten der antiken Ruinen errichtet wurde. Wer im Ort übernachten will, findet Hotels in fast allen Preisklassen.

Hotelrestaurants ($–$$) in Behramkale
Dolmuş oder Minibus ab Ayvacik (nicht zu verwechseln mit Ayvalık)
nein
preiswert
Chryse ➤ 40

AYDIN ✪

Das in der Antike als Tralles bekannte Aydın ist heute eine lebhafte Provinzstadt. Sie ist ein wichtiger Verkehrsknotenpunkt, von wo aus man mit dem *dolmuş* nach Nyssa im Osten oder Alinda im Süden gelangen kann. Wenn Sie Zeit haben, sollten Sie das Archäologische und Ethnologische Museum besuchen, das westlich des Parks gelegen ist. Ebenfalls in der Nähe des Parks steht eine schöne Moschee aus dem 17. Jahrhundert. Die Bushaltestelle befindet sich rund 500 m südlich des Stadtzentrums gleich bei der Hauptstraße.

30B3
50 km östl. von Kuşadası
Restaurants ($)
Dolmuş oder Minibus ab Kuşadası, Pamukkale, Selçuk und İzmir
Östlich des Busbahnhofs
(0256) 225 4145
8.30–17 Uhr
nein
Nyssa ➤ 51
Alinda ➤ 34

Fischerboote im hübsch gelegenen Hafen von Behramkale unterhalb des antiken Assos

30A4
auf halbem Weg zwischen Çanakkale und İzmir
am Ufer (0266) 312 3158 Mai–Sept 9–13, 14–19 Uhr
Restaurants ($–$$)
Dolmuş oder Minibus ab Çanakkale, Assos, Bergama, İzmir
Bergama ➤ siehe unten
Pergamon ➤ 24

Unten: *Der »Rote Hof« in Bergama*

AYVALIK

Das von osmanischen Griechen im 16. Jahrhundert gegründete Ayvalık stieg schnell zur zweitwichtigsten Küstenstadt nach İzmir auf. Nach dem Griechisch-Türkischen Krieg wurde die griechische Bevölkerung im Austausch gegen Muslime von Lesbos und Kreta nach Griechenland umgesiedelt. Die Moscheen der Stadt sind zumeist griechisch-orthodoxe Kirchen mit nachträglich angebauten Minaretten. Bei einem Bummel durch die Straßen entdeckt man schöne Beispiele osmanischer Architektur. Zur Insel Alibey mit ihren Fischrestaurants gelangt man über einen Damm, besser jedoch mit einem der Boote, die vom Kai ablegen. Etwas weiter nördlich befindet sich ganz in der Nähe der Landungssteg für Schiffe zu und von der griechischen Insel Lésvos (Lesbos).

30B4
100 km nördlich von İzmir, 50 km südöstlich von Ayvalık
➤ 92
Busse von Ayvalık und İzmir
Atatürk Meydanı (0232) 633 1862 Sommer 8.30–19 Uhr; Winter Mo–Fr 8.30–12, 12.30–17.30 Uhr
Pergamon ➤ 24

BERGAMA (PERGAMON)

Bergama erstreckt sich über einen Teil der berühmten antiken Stadt Pergamon (➤ 24). Ein Ende der Stadt wird von der Akropolis überragt, am anderen Ende befindet sich das Asklepieion. Bergama selbst ist eine betriebsame Marktstadt, in der man ebensogut auf Touristenbusse nach Pergamon wie auf Eselskarren treffen kann. Das Archäologische und Ethnographische Museum nahe der Touristeninformation beherbergt eine exzellente Skulpturensammlung aus Pergamon. Das Kızıl Avlu, der »Rote Hof« unterhalb der Akropolis, war ursprünglich ein vorchristlicher Tempel, der in byzantinischer Zeit in eine Basilika umgewandelt wurde.

BOZCAADA ✪

Homer zufolge versteckten die Griechen ihre Flotte bei Bozcaada, während sie darauf warteten, daß die Trojaner das hölzerne Pferd nach Troja (► 55) hineinbrachten. Auf der nur 5 km breiten Insel mit ihren schönen Sandstränden an der Südseite gibt es keine Ferienhotels. Nahe der Bootsanlegestelle erstrecken sich die Ruinen eines riesigen, ursprünglich byzantinischen Kastells (immer geöffnet). In der einzigen Stadt der Insel mit ihren gut erhaltenen traditionellen Bauwerken findet man problemlos Unterkunft in einer *pansiyon*.

- 30A5
- an der Küste südwestlich von Truva, 60 km südwestlich von Çanakkale
- Restaurants ($) nahe dem Hafen
- Fähre von Yükyeri İskelesi (*Dolmuş* oder Minibus ab Çanakkale)

ÇANAKKALE ✪✪

Das an der engsten Stelle der Dardanellen (► 38) gelegene Çanakkale ist die Nahtstelle zweier Kontinente, mit Gelibolu auf der einen und Truva (Troja) auf der anderen, südöstlichen Seite. In dieser angenehmen Kleinstadt mit ihrer Atmosphäre von Geschichte und Mythologie kann man einen geruhsamen Tag verbringen; von hier aus lassen sich auch Ausflüge nach Truva (Troja) und Gelibolu oder – per Boot – nach Gökçeada unternehmen. Rund um die Landungsbrücken, dem Herzen der Stadt, befinden sich fast alle Hotels, Restaurants und die Touristeninformation. Außerhalb der Stadt, an der Straße nach Troja, liegt das Archäologische Museum, in dem Funde aus der Region und aus Troja zu sehen sind.

- 30A5
- viele ($–$$)
- Busse von Ayvalık, Istanbul, İzmir, Truva
- am Dock ☎ (0286) 217 1187
- Ausflüge nach Gelibolu oder nach Truva (Troja)
- Gelibolu ► 44
  Truva (Troja) ► 55

Unten: *Am Hafen in Çanakkale*

30A5
Restaurants ($–$$) in Çanakkale mit Blick auf Çanakkale Boğazi
Busse ab Ayvalık, Istanbul, İzmir, Troja
Ausflüge nach Gelibolu ab Çanakkale (➤ 37) beginnen mit einer Fährfahrt über die Dardanellen.
Gelibolu ➤ 44
Truva (Troja) ➤ 55
Gökçeada ➤ 45

ÇANAKKALE BOĞAZİ (DARDANELLEN)

Die Meerenge zwischen Marmarameer und Ägäis spielt eine wich-tige Rolle in der Mythologie und war schon in der Antike von strategischer Bedeutung. Auf der Flucht vor ihrer Stiefmutter Ino von Europa nach Asien stürzte Helle der Sage zufolge an dieser Meerenge (nach ihr Hellespont benannt) in die Fluten. Leander schwamm jede Nacht durch den Hellespont zu seiner Geliebten Hero, bis er in einer Sturmnacht ertrank. Literarisch verewigt wurde dieses berühmte Liebespaar der griechischen Mythologie bei Ovid, Friedrich von Schiller und Franz Grillparzer (»Des Meeres und der Liebe Wellen«). Der Perserkönig Xerxes setzte 480 v. Chr. über den Hellespont auf seinem Vormarsch durch Thrakien, Alexander der Große überschritt 334 v. Chr. den Hellespont nach Asien. Die Türken überquerten 1354 n. Chr. die Meerenge auf ihrem Sturm nach Byzanz und Europa. Vergeblich war schließlich 1915 der englisch-französische Angriff auf die Dardanellen (Gelibolu, Gallipoli ➤ 44).

30A4
40 km südwestlich von Bergama
Restaurants und Cafés ($–$$) am Hafen
Bus ab İzmir
Bergama ➤ 36
Pergamon ➤ 24

ÇANDARLI

Sobald das Fischerdorf Çandarli im April aus seinem Winterschlaf erwacht ist, mausert es sich zu einem ruhigen Ferienort. Hier, im antiken Pitane, kann man entspannen, auf den Stränden Spaziergänge unternehmen und das Essen in einem der Fischrestaurants genießen. Das äußerst behagliche Dorf wird optisch von einem gut erhaltenen, leider nicht zugänglichen genuesischen Kastell (14. Jh.) beherrscht. Çandarli ist freitags, wenn Markttag ist, am lebhaftesten.

Am besten besucht man Çandarlı freitags, wenn auf dem Stadtplatz Markt gehalten wird

Von Çanakkale nach Bursa

Bei dieser langen Fahrt ist eine Übernachtung in Bursa erforderlich. Wenn Sie jedoch nach Çanakkale (► 37) zurückfahren möchten, müssen Sie nach dem Besuch des Kuşcenneti Nationalparks umkehren. Die E90/200 verbindet Çanakkale mit Bursa. Die ersten 45 km führen Sie in sanftem Bergauf und Bergab bis unterhalb des Dorfes Lapseki (das antike Lampsakos, nach der Überlieferung der Geburtsort des Fruchtbarkeitsgottes Priapos). Auf der linken Seite öffnet sich immer wieder der Blick auf die Dardanellen. Dann führt die Straße etwa 70 km weit ins Inland und kehrt bei Denizli zur Küste zurück. Nach etwa 35 km erreicht man die Stadt Bandırma.

Folgen Sie von Bandırma aus etwa 13 km der Straße nach Balıkesir, halten Sie dabei rechts nach einem Schild Ausschau, das den 5 km langen Weg zum Kuşcenneti Milli Parkı (► 49) anzeigt. Nach dem Besuch des Parks kehren Sie zur Hauptstraße zurück und biegen nach rechts auf die E90/200 Richtung Bursa ein. Knapp 40 km vor Bursa weist ein Schild nach rechts zum Fischerdorf Gölyazı.

Das auf den Ruinen des antiken Apollonia erbaute Gölyazı liegt am Ufer des Sees Ulubat Gölö. Hauptsehenswürdigkeiten sind die Stadtmauern und eine griechische Kirche. Reizvoll ist die hübsche Alltagsszenerie des türkischen Fischerdorfs.

Kehren Sie zur Hauptstraße zurück und fahren Sie nach Bursa.

Parken Sie Ihr Auto bei der Touristeninformation im Stadtzentrum, und bummeln Sie durch den überdachten Basar und die Geschäfte (Seidenwaren), besuchen Sie die »Grüne Moschee« und die reizvollen osmanischen Häuser.

Länge
340 km
(200 km bis zum Kuşcenneti-Nationalpark)

Dauer
8–10 Stunden

Start
Çanakkale
30A5

Ziel
Bursa
30C5

Mittagessen
Appolonia Restaurant ($)
am Nordende von Gölyazı

Osmanische Architektur in Bursa

ÇEŞME ➤ 18

CHRYSE ✪

30A4
Gülpinar, 20 km westlich von Assos
Restaurant ($) in Babakale
gelegentlich *Dolmuş* oder Minibus ab Assos
nein
frei
Assos ➤ 34f

Unterhalb des Dorfes Gülpinar, das an einem Hang liegt, befinden sich die Reste des großen Tempels des Apollon Smintheus aus der zweiten Hälfte des 3. Jahrhunderts v. Chr. Im 19. Jahrhundert wurde der Tempel bereits schon einmal ausgegraben, danach jedoch überbaut und wiederum freigelegt. Der Ort nimmt in der homerische Überlieferung eine wichtige Stelle ein. Während der Belagerung Trojas gewinnt Agamemnon Chryseis, die Tochter des Apollonpriesters Chryses, als Kriegsbeute. An diesem Punkt setzt die »Ilias« ein. Von Assos aus verläuft die Straße in westlicher Richtung weiter nach Babakale. Dabei passiert man eine Querstraße, über die man zu einem schönen Strand bei Akliman gelangt.

DİLEK MİLLİ PARKI ✪

30B2
30 km südl. von Kuşadası
(0256) 646 1079
8–18.30 Uhr
Snackbars am Strand
Dolmuş oder Minibus ab Kuşadası
nein
preiswert
Kuşadası ➤ 46f
Priene ➤ 52

Dieser Nationalpark erstreckt sich über eine ausgedehntes Areal mit Bergen, Marschen und Stränden. Einige Gebiete sind militärische Sperrzone und dürfen nicht betreten werden. Wer jedoch Erholung von antiken Stätten und turbulenten Ferienorten sucht, der wird hier reichlich belohnt. Der letzte der schönen Strände entlang des Weges, Karasu, eignet sich besonders für ein Picknick; er liegt 10 km vom Parkeingang entfernt. In den höher gelegenen Gebieten kann man Raubvögel, in den Marschen Wasservögel beobachten.

Im Dilek Milli Parkı kann man den Lannerfalk (Falco biarmicus) beobachten

EDREMİT UND ÖREN ✪

30B4
120 km südl. von Çanakkale
Regionale Speisen (£) auf Örens Markt; Hotelrestaurants
Dolmuş ab Çanakkale und Ayvalik
Assos ➤ 34f
Ayvalik ➤ 36

An der zerklüfteten, mit Pinienwäldern bewachsenen ägäischen Küste südlich der Dardanellen (Çanakkale Boğazi ➤ 38) findet sich nur ein größerer Ferienort, Ayvalık (➤ 36). Unmittelbar nördlich davon, in der Bucht von Edremit, liegen 23 Inselchen, gegenüber befindet sich die Insel Lesbos (Lésvos). In der Umgebung von Edremit – wegen ihrer Olivenhaine auch Oliven-Riviera genannt – laden mit goldfarbenen Stränden einige kleinere Badeorte und Ferienstädtchen ein wie Ören, Çanlık oder Akçay.

Spaziergang durch Efes (Ephesos)

Gehen Sie vom Kartenschalter aus geradeaus zu dem mit Marmor gepflasterten Weg.

Links befindet sich das Theater, rechts die Arkadiane, eine der wenigen antiken Straßen, die nachts beleuchtet wurden.

Der Weg führt zum Theater (➤ 19), dessen steile Stufen Sie erklimmen. Entweder gehen Sie geradeaus in den Sitzbereich des Theater, oder Sie richten sich nahe dem Fuße der Stufen bei einem allein stehenden Baum nach rechts und betreten die Orchestra durch die Passage. Verlassen Sie das Theater auf der gegenüberliegenden Seite.

Halten Sie auf der »Straße der Kureten«.(Priesterorden der Artemis) Ausschau nach den zahlreichen öffentlichen Gebäuden, darunter auch die Scholastika-Thermen, die zeitweilig als Bordell genutzt wurden wie Bemalungen schließen lassen.

Am Ende dieser Straße befindet sich rechts die zweigeschossige Fassade der Celsus-Bibliothek (➤ 42f). Wenden Sie sich nach links und folgen Sie einer sanft ansteigenden Marmorstraße.

Auf der linken Seite zeigt ein Schild auf einen Gewürzladen. Direkt davor befindet sich der Eingang zu den römischen Toiletten, gleich danach der Hadrian-Tempel. Achten Sie im Tempeleingang auf die 13 Figuren, die sich rechts an der Wand befinden: Athena wacht mit ihrem Schutzschild sowohl über eine sechsköpfige Gruppe griechischer Götter als auch über fünf Mitglieder der Familie des Kaisers Theodosios.

Folgen Sie der Straße bis zum Inschriftenmuseum.

Links am *odeon* (Theater) kann man picknicken. Verlassen Sie die Anlage durch den nahegelegenen oberen Eingang oder kehren Sie zum unteren Eingang zurück.

Länge
2 km (4 km, wenn man zum Startpunkt zurückgeht)

Zeit
3–4 Stunden

Start
Unterer Eingang
30B3

Ziel
Oberer Eingang/Unterer Eingang
30B3

Mittagessen
Die Restaurants am unteren Eingang sind nicht empfehlenswert. Versorgen Sie sich selbst mit Verpflegung und an heißen Tagen mit ausreichend Getränken.

Der dem Kaiser Hadrian geweihte Tempel in Ephesos

- 30B3
- 3 km vom Fremdenverkehrsbüro Selçuk
- (0232) 892 6402/6940
- Sommer 8–18.30 Uhr; Winter 8–17.30 Uhr
- Restaurants (nicht empfehlenswert) am unteren Eingang. Bringen Sie ein Picknick mit oder essen Sie in Selçuk ($–$$)
- Busse nach Selçuk von Kuşadası und İzmir

EFES (EPHESOS) ✪✪✪

Ephesos war die Hauptstadt der römischen Provinz Asia Minor und ein wichtiges politisches und kulturelles Zentrum. Die gut erhaltene Anlage zählt zu den wichtigsten antiken Stätten im Mittelmeerraum. Lange vor den Römern war Ephesos Heimstatt des Kults um die Muttergottheit Kybele. Als 1000 v.Chr. athenische Kolonisten hier eine Siedlung gründeten, setzte man ohne weiteres deren griechische Gottheit Artemis mit Kybele gleich. Unter den Römern blühte Ephesos auf; erst im 6. Jahrhundert n.Chr. verlor die Stadt an Bedeutung, als der Hafen verlandete.

Für den Rundgang durch Ephesos sollte man mindestens einen halben Tag veranschlagen (➤ 41). Es ist nicht unbedingt notwendig, an einer Führung teilzunehmen, denn die kompakte Anlage kann mit einem der zahlreichen archäologischen Führer, die am Eingang, in der Touristeninformation in Selçuk oder im Buchladen auf der anderen Straßenseite erworben werden können, leicht auf eigene Faust erkundet werden. Etwas störend ist die Tatsache, daß viele Teile der Anlage aufgrund der Restaurierungsarbeiten nicht zugänglich sind; zudem läßt der Einsatz massiver Kräne Ephesos wie eine riesige Baustelle wirken. Zu den Höhepunkten der Anlage zählen das Theater (➤ 19) und die Celsus-Bi-

Wußten Sie schon ?

Seit 1895 werden von österreichischen Archäologen die Reste von Ephesos freigelegt. Die bis 1906 nach Wien gelangten Fundobjekte wurden zunächst in der Antikensammlung deponiert. Erst über siebzig Jahre später (1978) konnte das Ephesos-Museum in der Neuen Burg (Heldenplatz) als Außenstelle des Kunsthistorischen Museums eröffnet werden. Es präsentiert griechische und römische Funde aus Ephesos und Samothrake, unter anderem Marmor- und Bronzeskulpturen (Ephesischer Athlet) und ein Stadtmodell von Ephesos.

bliothek. An den wenigen Überresten des Artemis-Tempels, der in der Antike als eines der Sieben Weltwunder galt, kommt man am Weg von Selçuk zum Eingang vorbei (auf der linken Straßenseite als Artemision ausgeschildert). Die zwischen 110 und 135 n.Chr. errichtete Celsus-Bibliothek ist ein wunderschönes, beeindruckendes Bauwerk. In den vier Nischen der zweigeschossigen Fassade stehen Gipskopien von Statuen der vier Tugenden – Rechtschaffenheit, Besonnenheit, Bildung und Weisheit –, deren Originale sich heute in Wien befinden. Die Bibliothek beherbergte etwa 14000 Pergamentrollen. Durch das Gitter an der rechten vorderen Ecke können Sie die meterbreiten Nischen mit doppelter Wandung sehen, die die Rollen vor der Feuchtigkeit schützen sollen. Hinter dem dreibogigen Tor auf der nördlichen (rechten) Seite erstreckt sich die Untere Agora (der Marktplatz). Moderne und antike Graffiti schmücken die Mauern des Tors. Eine griechische Inschrift rühmt den Aufseher, der den Preis für das auf der Agora verkaufte Brot festlegte. Die von der Celsus-Bibliothek aus nach oben verlaufende Marmorstraße ist bereits restauriert worden. Hier sieht man Latrinen, Bäder, Läden, Wohnhäuser und einen Tempel. Am oberen Ende dieser Straße findet sich als einziger Überrest des ehemaligen Herkulestores ein Relief. Hier zweigt der Weg nach rechts zum Domitianstempel ab, der dem der römischen Kaiser (81–96 n. Chr.) geweiht ist. Links führt der Weg an einem Tempel vorbei zum Odeion, einem restaurierten Theater mit 1400 Sitzplätzen.

Selçuk
(0232) 892 6328
nein
mittel
Selçuk ➤ 53
Meryemana ➤ 50
Kuşadası ➤ 46f
Magnesia am Mäander ➤ 49

Unten: *Blick auf die restaurierte Fassade der Celsus-Bibliothek*

30A3
70 km nordwestl. von İzmir
Restaurants ($–$$)
nördlich des Zentralplatzes
(0232) 812 1222
Bus ab İzmir
Çanrdalı ➤ 38
İzmir ➤ 31ff

FOÇA ✪

Die Sommerfrische der Reichen von İzmir wurde ursprünglich in der Antike von griechischen Kolonisten, denen auch die Gründung von Massalia (Marseilles) zugeschrieben wird, errichtet und von ihnen Phokaia genannt. Von dieser antiken Stadt ist außer einem Grab, das Taş Kule (4. Jh. v. Chr.), nur wenig geblieben. Dennoch lädt der Ort mit seinen Fischrestaurants und dem rekonstruierten, 8 km östlich an der Hauptstraße gelegenen genuesischen Kastell aus dem 13 Jh. zum Verweilen ein.

30A5
35 km lange Halbinsel gegenüber Çanakkale
Restaurants ($–$$) in Gelibolu
Fähre von Çanakkale, oder im Rahmen eines Ausflugs
nein
Çanakkale ➤ 37
Troja (Truva) ➤ 55

GELİBOLU (GALLIPOLI) ✪✪

Gelibolu ist ein malerisches Städtchen an den Dardanellen (Çanakkale Bo azi ➤ 38) mit vielen osmanischen Bauten. Die Ulu Camii ist trotz ihrer Umbauten ein schönes Beispiel der Moscheen-Architektur jener Zeit. Eine Besichtigung wert ist auch der offene Gebetsplatz Azepler Namazghi von 1407 in der Nähe das Leuchtturms am östlichen Ortsrand. Nur die Südwand, die die Gebetsrichtung nach Mekka markiert, ist ausgeführt, während die schlicht gestaltete Anlage ansonsten mit einer niedrigen Einfriedung versehen ist. Der bedeutendste osmanische Geograph, Piri Reis (1465–1554), stammt aus dieser Stadt; 1513 fertigte er eine Weltkarte an, die bereits die Küste Amerikas enthielt. Aufgrund seiner Lage an den strategisch bedeutenden Dardanellen war die Umgebung dieses Städtchens immer wieder Schauplatz kriegerischer Auseinandersetzungen. So ist der Französische Friedhof, auf dem die gefallenen französischen Soldaten aus dem Krimkrieg (1853–1856) beigesetzt wurden, nicht die einzige Gedenkstätte an die Opfer aus den Kriegen in dieser Region. Auf der Halbinsel Gallipoli befinden sich außerdem die Gräber von etwa 100 000 Soldaten, die zu Beginn d[illegible] Weltkriegs während der Schlacht um die Dardanellen fielen.

Das Kriegerdenkmal von Gelibolu (Gallipoli)

GÖKÇEADA ✪

In der Nordägäis ist dies die größere der beiden bei den Çanakkale Boğazi (Dardanellen) gelegenen türkischen Inseln (die andere ist Bozcaada ➤ 37). Auf Gökçeada befindet sich das Gefängnis, das im Film *Midnight Express* eine Rolle spielt. Die kleinen Inseldörfer kann man nur mit einem eigenen Fahrzeug, den schönen, an der Nordseite bei Kaleköy gelegenen Strand jedoch auch mit dem *dolmuş* erreichen.

30A5
Fischestaurants ($)
Fähre ab Çanakkale
Çanakkale ➤ 37
Troja ➤ 55
Çanakkale Boğazi ➤ 38
Gelibolu ➤ 44

HERAKLEIA ✪✪✪

Am Bafa-See liegen das Dorf Kapıkırı und die Reste des antiken Herakleia, vielleicht eine Gründung des Mausolos im 4. Jahrhundert v. Chr. In weiten Teilen erhalten geblieben ist unter anderem die Stadtmauer aus hellenischer Zeit, die sich über eine Länge von etwa 6,5 km erstreckt und mit Wehrtürmen bestückt ist. Am Dorfrand steht die Ruine des Athenatempels (3. Jahrhundert v. Chr.). Östlich davon befindet sich die Agora, an der ursprünglich ein greigeschoßiger Bau stand, von dem Teile der Untergeschosse erhalten sind. Weiter zu erwähnen ist das Heiligtum des Endymion, ein zur Hälfte in den Fels gehauener Kultraum.

30B2
Kapıkırı
frei zugänglich
Restaurants ($)
Dolmuş ab Çamiçi oder mit dem Boot über den Bafa-See
nein
frei
Euromos ➤ 68,
Labranda ➤ 77,
Milas ➤ 83
Karien ➤ 48

HIERAPOLIS ➤ 20

Wußten Sie schon?

Die Inseln im Bafa-See tragen die Ruinen byzantinischer Klöster. Christliche Mönche legten hier im 8. und 9. Jahrhundert befestigte Klöster an, die bis ins 14. Jahrhundert existierten. Von hier aus wurde 1088 das berühmte Johanneskloster auf Patmos gegründet, das heute noch besteht.

Oben: *Das moderne Dorf Kapıkırı entstand neben den Ruinen des antiken Herakleia*

30B3
95 km südlich von İzmir, 20 km südlich von Efes
Restaurants ($-$$$)
Dolmuş/Minibus von Bodrum, İzmir, Pamukkale, Selçuk, Söke
Liman Caddesi
(0256) 614 1103; Fax (0256) 614 6295
Sommer 8–18 Uhr (Juli–Aug. 8–20 Uhr); Winter Mo–Fr 8–12, 13–17 Uhr
Ephesos ► 19 und 41ff
Selçuk ► 53
Meryemana ► 50
Milet ► 50f
Didim (Didyma) ► 66
Priene ► 52
Magnesia am Mäander ► 49
Notion und Claros ► 51

KUŞADASI ✪✪

Wie es bereits die unzähligen Teppich-, Schmuck- und Ledergeschäfte im Zentrum anzeigen, ist Kuşadası einer der wichtigsten Ferienorte an der ägäischen Küste. Im Sommer legen im Hafen täglich mehrere Kreuzfahrtschiffe an, und die Überfahrt auf die 2 km entfernte griechische Insel Samos ist bei Touristen sehr beliebt. Neben dem Einkaufen bietet Kuşadası ein breites Unterhaltungsangebot. Abends und nachts platzen die Lokale, Diskotheken (► 112f), Türkischen Bäder (► 115) und Restaurants (► 94f) aus allen Nähten. Am Tag konzentrieren sich die Aktivitäten auf den Wassersport, den die Hotels in allen Varianten anbieten.

In Kuşadası ist man so sehr mit verschiedensten Vergnügungen beschäftigt, daß es kaum auffällt, daß die Stadt selbst selbst außer einer Moschee (17. Jh.) kaum eine Sehenswürdigkeiten zu bieten hat. Am interessantesten ist die kleine Vogelinsel, die mit dem Festland durch einen 400 m langen Damm verbunden ist. Das dortige genuesische Kastell aus dem 16. Jahrhundert ist zu Diskotheken und Cafés umgebaut worden. Kuşadası ist jedoch idealer Ausgangspunkt für Ausflüge zu vielen der aufsehenerregenden antiken Stätten der türkischen Ägäis. Ephesos liegt nur eine kurze Busfahrt entfernt, und die antiken griechischen Siedlungen Milet (Miletos), Didim (Didyma) und Priene kann man leicht mit öffentlichen Verkehrsmitteln oder im Rahmen eines organisierten Tagesausflugs erreichen. Aphrodisias, Pamukkale und Hierapolis sind nur einige Autostunden entfernt. Hinter dem Hafen, wo die von Samos kommenden Schiffe anlegen, verläuft die wichtigste Promenade, der Atatürk Bulvarı. Die nahe-

Cafés und Diskotheken erfüllen das genuesische Kastell auf der Vogelinsel mit Leben

gelegene Öküz Mehmet Paşa Kervansarayı (heute Hotel) dient in dieser Stadt ohne Zentrum als nützlicher Orientierungspunkt. Entlang der Promenaden-Seite des Hotels verläuft die Fußgängerzone Barbaros Hayrettin Bulvarı in Richtung Inland. Auf der linken Seite dieses Boulevards liegt die »Kale« genannte Altstadt, in der einige malerische Gebäude in Diskotheken, Bars und Restaurants umgebaut worden sind. Der Kadinlar Plaji (Damenstrand) liegt 3 km südwestlich der Stadt und ist gut mit dem Minibus erreichbar. Dieser Strand ist sehr bekannt, dementsprechend dicht ist er mit Ferienhotels bebaut. Empfehlenswerter ist der auf der anderen Seite der Stadt, 5 km außerhalb an der Straße nach Selçuk gelegene Strand Tusan, zu dem man leicht mit dem Minibus gelangt. Unterkünfte in mittleren Preislagen finden sich nahe dem Stadtzentrum, die Hotels der Vier- und Fünf-Sterne-Klasse liegen dicht gedrängt an der Küste zu beiden Seiten der Stadt, können jedoch fast alle leicht über die Uferstraße mit Minibussen erreicht werden. Diese halten in der Regel gegenüber dem außerhalb der Stadt an der Hauptstraße von İzmir nach Söke gelegenen Busbahnhof. Im Sommer kann der Fußmarsch dorthin unbequem lang sein. Doch für die Fahrt nach Söke (dem wichtigsten Verkehrsknotenpunkt und Abfahrtsort für die Busse zu den historischen Orten) kann man auch eine näher am Zentrum gelegene, inoffizielle Haltestelle für Minibusse benutzen; hier halten auch die meisten Hotel-Minibusse.

Am »Damenstrand« sind ganzjährig beide Geschlechter willkommen

Das antike Karien

Länge
178 km

Zeit
4–6 Stunden, je nach Dauer der Besichtigungen

Start und Ziel
Kuşadası
30B3

Mittagessen
Restaurant Zeybek oder Agora ($)

Dieser Ausflug entführt den Besucher aus dem Trubel von Kuşadası in das antike Königreich Karien sowie an den Bafa-See und einige interessante hellenische Stätten, die jedoch ohne eigenes Fahrzeug schwer zu erreichen sind.

Fahren Sie von Kuşadası aus auf der Straße nach Söke (515) bis zur Hauptstraße von İzmir nach Milas (525), in die Sie südwärts (nach rechts) in Richtung Milas einbiegen. Dort wo die Straße auf das Ufer des Bafa-Sees trifft, parken Sie bei einem der Restaurants am See.

Hier kann man schwimmen oder mit einem Passagierboot nach Herakleia (➤ 45) übersetzen. Der hier beschriebene Ausflug führt jedoch auf dem Landweg nach Herakleia.

Fahren Sie etwa 6 km bis zum Dorf Çamiçi und folgen Sie dann links der ausgeschilderten Straße nach Herakleia. Nach der Besichtigung von Herakleia kehren Sie nach Çamiçi zurück und biegen rechts ab in Richtung Milas. Nach etwa 15 km zeigt links ein Schild nach Euromos (➤ 68), das etwa einen Kilometer südlich des Dorfes Selimiye gelegen ist.

Nach der Besichtigung von Euromos fahren Sie noch etwa 12 km weiter und biegen, falls Sie den 14 km langen Umweg nach Labranda (➤ 77) machen wollen, am Schild links nach Kargicak ab. Vielleicht ist die Straße noch nicht fertiggestellt; dann kommt man nur langsam voran.

Kehren Sie zur Hauptstraße zurück. Wenn Sie genügend Zeit haben, können Sie Milas (➤ 83) besichtigen, sonst biegen Sie an der Hauptstraße von Kargicak rechts ab und kehren nach Kuşadası zurück.

Bafa Gölü (Bafa-See) mit dem antiken Herakleia im Hintergrund

KUŞCENNETI MİLLİ PARKI

Dieses Vogelschutzgebiet, dessen Name mit »Vogelparadies« übersetzt werden kann, liegt zwischen Çanakkale und Bursa (➤ 39). Eine Ausstellung im Eingangsbereich zeigt, welche Vögel man vom nahe gelegenen Aussichtspunkt aus beobachten kann (eigene Ferngläser mitbringen). Reiher, Kormorane, Pelikane und Löffelreiher bevölkern das Schutzgebiet, und mit etwas Glück sieht man einen Adler. Beste Besuchszeiten sind April bis Juni und September bis November, weil sich in diesen Monaten viele Arten auf Wanderung befinden. Über 250 Arten konnten bislang nachgewiesen werden.

- 30B5
- 20 km südlich von Bandırma
- 7–17.30 Uhr
- Bus ab Çanakkale
- nein
- preiswert

Löffelreiher (Platalea leucorodia) *beehren den Kuşcenneti-Nationalpark mit ihrer Anwesenheit*

LAODIKEIÁ (LAODICEIA)

Vermutlich um 250 v. Chr. gegründet, erlebte Laodikeiá seine Blüte vor allem während der römischen Kaiserzeit; so weist eine Inschrift am Ephesostor auf die Zeit Domitians (81–96 n. Chr.) hin, und das Stadion aus dem 1. Jahrhundert wurde 79 n. Chr. Kaiser Vespasian geweiht. In unmittelbarer Nähe befinden sich die Reste eines Gymnasions und eines Wasserturms, der mittels Tonrohren von Süden gespeist wurde. Nördlich davon sind Ruinen einer Versammlungsstätte sowie eines Nymphaions erhalten geblieben, außerdem ein größeres Theater, dessen Bühnenhaus noch nicht gänzlich freigelegt wurde, und die oberen Sitzreihen des kleineren Theaters.

- 30C3
- 14 km südlich von Pamukkale, 5 km nördlich von Denizli
- ganztägig
- Taxi ab Pamukkale
- nein
- frei
- Pamukkale ➤ 22f
Hierapolis ➤ 20
Aphrodisias ➤ 16, 34

MAGNESIA AM MÄANDER

Diese antike Stadt wurde von zurückgekehrten Kolonisten aus dem griechischen Magnesia gegründet und später von einem persischen König dem Athener Themistokles übergeben. Dieser soll hier angeblich Selbstmord begangen haben, während er im Tempel der Artemis ein Opfer brachte. Um sich anhand der Überreste des Tempels ein Bild machen zu können, bedarf es einiger Phantasie; doch da dieser Ort nicht allzu überlaufen ist, kann man seinen Zauber in Ruhe genießen.

- 30B3
- 16 km nördlich von Söke
- 8.30–Dämmerung
- *Dolmuş* oder Minibus von Söke oder Selçuk
- preiswert
- Ephesos ➤ 19, 41, 42f
Meryemana ➤ 50
Kuşadasi ➤ 46f

30B3
40 km nordöstlich von İzmir
Restaurants ($)
Busse ab İzmir, Sart oder Salihli; Zug ab İzmir
Doğu Caddesi 8, Eylğl Içanı 14 (0236) 231 2541 Mo–Sa 8–12, 13–17 Uhr
Sardis ► 53, İzmir ► 31

MANISA

Manisa ist heute eine moderne Handelsstadt. Für das Zentrum der malerisch gelegenen Stadt sollte man sich ruhig einen halben Tag Zeit nehmen. Sehenswert ist die Grabanlage (Türbe) des Saruhan Bei, Gründer des Fürstentums im 14. Jh., dessen Hauptstadt Manisa war, die Große Moschee, die Ulu Camii, die 1366 errichtet wurde, und die Hatuniye Camii aus dem Jahr 1490. Bedeutend sind auch die Külliyen, vor allem die Muradiye Külliyesi, die nach Plänen des Sinan, des bekanntesten osmanischen Architekten, gebaut wurde. Im kleinen Museum kann man Funde aus Sardis (► 53) besichtigen.

30B3
8 km südlich von Ephesos
(0232) 892 6094
bei Tageslicht
Café ($) am Eingang
Taxi ab Selçuk
nein preiswert
Ephesos ► 19, 41, 42f
Selçuk ► 53

MERYEMANA (MARIENHAUS), EFES (EPHESOS)

Ihre Vision, das Haus Mariens gesehen zu haben, vertraute die stigmatisierte Augustinernonne Anna Katharina Emmerich (1774–1824) dem Dichter Clemens Brentano an, der sie 1852 veröffentlichte. Ein französischer Geistlicher erkannte in den Aufzeichnungen einen Hügel bei Ephesos (► 41 ff) und die Ruine eines Hauses wieder. Der Vatikan hat das »Marienhaus« als Wallfahrtsstätte anerkannt; es wurde zu einer Kapelle umgestaltet und ist jährlich Ziel tausender Pilger.

30B2
22 km südlich von Priene
(0256) 875 5401
8 Uhr–Sonnenuntergang
teure Snackbars am Eingang

MILET

Milet, die weitaus bedeutendste griechische Stadt an der ägäischen Küste, wurde ursprünglich auf einer in das Meer ragenden Halbinsel gegründet. 495 v. Chr. wurde sie von den Persern zerstört und ab 479 v. Chr. nach den Plänen des Architekten Hippodamus mit einem rechtwinkligen Straßenraster

Zuschauerränge im Theater von Miletos. Detailansicht einer umgestürzten Säule

wieder aufgebaut. Nach der Verlandung des Hafens verlor Milet seine Bedeutung. Aus römischer Zeit stammt das Theater, das über Vorgängerbauten errichtet wurde; von seinen Rängen bietet sich ein guter Überblick über die Anlage der antiken Stadt. Weitere Überreste sind das Nymphaion, die Agora, einst der größte Markt der griechischen Welt, und die Thermenanlage der Faustina, benannt nach einer Kaiserin.

Dolmuş oder Minibus ab Söke
nein · preiswert
Ausflüge ab Kuşadası verbinden Miletos, Priene und Didyma
Priene ➤ 52
Didim (Didyma) ➤ 66

NOTİON UND KLAROS ✪

In der Nähe der Küste liegen die Mauerreste von Notion mit Buleuterion, Theater, Agora und eines Heiligtums der Athena. Eine Beschilderung weist den Weg, 2 Kilometer von der Küste entfernt, zum antiken Klaros, dessen Orakel in hellenischer und zur römischen Kaiserzeit wohl weithin berühmt war. Erhalten ist das Fundament des Tempels (4. Jahrhundert v. Chr.), in dessen Untergeschoß die Gänge und Räume des Orakels gut erkennbar sind. Eine kleine Kammer beherbergte wahrscheinlich eine Heilige Quelle, aus der die Priester ihre Fähigkeit zum Orakelspruch schöpften.

30B3
25 km nördlich von Kuşadası
Dolmuş oder Minibus ab Kuşadası bis Seferihisar
nein
frei
Kuşadası ➤ 46f
Efes (Ephesos) ➤ 19, 41, 42f
Selçuk ➤ 53

NYSSA ✪

In der Türkei sind viele der antiken griechischen und römischen Anlagen malerisch gelegen – und ganz besonders trifft dies auf Nyssa zu. Die im 3. Jahrhundert v.Chr. gegründete Stadt hatte ihre Glanzzeit auch unter römischer Herrschaft. Strabo, der griechische Geograph und Historiker (1. Jh. v.Chr.), beschrieb sie als »doppelte Stadt«, und tatsächlich finden sich hier Überreste von zwei Brücken, die die durch einen Fluß getrennte Siedlung verbanden. Hauptsehenswürdigkeiten sind ein Theater und ein *bouleuterion* (Versammlungshalle). Nyssa ist leicht mit dem Auto oder mit öffentlichen Verkehrsmitteln erreichbar. Wie Notion und Klaros (➤ oben) ist es ein lohnendes Ziel für einen Tagesausflug von Kuşadası aus.

30B3
2 km von Sultanhisar, 14 km westlich von Nazilli
8.30 Uhr–Dämmerung
Restaurants ($) in Sultanhisar
Busse von Kuşadası und Denizli halten in Sultanhisar
nein
preiswert
Aydın ➤ 35

PAMUKKALE ➤ 22f

PERGAMON (BERGAMA) ➤ 24, 36

- 30B2
- 35 km südlich von Kuşadası
- (0256) 547 1165
- 8.30–Sonnenuntergang
- Restaurants ($) im Nachbardorf Güllübahçe
- *Dolmuş*/Minibus ab Söke
- nein
- preiswert
- Ausflüge von Kuşadası kombinieren Priene, Milet und Didyma.
- Kuşadası ➤ 46f
  Ephesos ➤ 19,41, 42f
  Selçuk ➤ 53
  Meryemana ➤ 50
  Milet ➤ 50f
  Didim (Didyma) ➤ 66
  Magnesia am Mäander ➤ 49

Oben: *Priene mit dem beeindruckenden Athenatempel*

PRIENE ✪✪✪

Die schöne landschaftliche Umgebung als auch das geschlossene Bild dieser archäologischen Stätte, die eine hervorragende Vorstellung einer hellenischen Stadt vermittelt, lohnen einen Besuch in Priene auf jeden Fall. Erhalten sind die Reste der Neugründung seit dem 4. Jahrhundert v. Chr., denn das ionische Priene liegt wahrscheinlich unter dem Schwemmland des Büyük Menderes (Großer Mäander) verborgen. Von den zahlreichen sehenswerten Relikten ist wohl an erster Stelle das äußerst gut erhaltene Theater zu nennen. In der Orchestra befinden sich fünf verzierte Marmorsessel und ein marmorner Altar. Beeindruckend ist ebenfalls das Haupteiligtum, der auf einer Terrasse gelegene Athenatempel, der 334 v. Chr. von Alexander dem Großen der Athena Polias geweiht wurde; er stammt von dem Erbauer des Mausoleion in Halikarnassos (➤ 61), Pytheos.

An den in rechten Winkeln sich kreuzenden Straßen der Stadtanlage (Hippodamisches System, Milet ➤ 50f), eingefaßt von einer 2 Meter starken Stadtmauer, stehen die Reste zahlreicher öffentlicher wie privater Häuser. Die Wohnhäuser entlang der Hauptstraße – ihre Entstehung reicht zurück bis ins 4. Jahrhundert v. Chr. – zeigen anschaulich die Architektur der klassischen Zeit. Agora, Heilige Halle (um 150 v. Chr.), das Zentrum des politischen Lebens, Buleuterion (um 200 v. Chr.), der Sitzungssaal der Volksversammlung, Stadion und Gymnasion vervollständigen das Bild. Wichtige Fundstücke aus Priene befinden sich im Pergamonmuseum in Berlin.

SARDIS

Die einst wohlhabende Hauptstadt des Lydischen Reiches liegt nahe einer ungewöhnlichen Bergformation, die eine ganz eigenwillige Atmosphäre schafft. Die Felsen bergen lydische Gräber, die zum Teil aus dem 7. Jahrhundert v. Chr. stammen. Die römischen Ruinen wurden ab 1958 von amerikanischen Archäologen freigelegt und bestehen aus einer Geschäftsstraße, einem Gymnasion und einer Synagoge (ursprünglich eine Basilika). Unbestrittener Mittelpunkt neben weiteren Resten ist der Artemistempel. Von seinen 82 Säulen blieben nur zwei vollständig, 13 weitere in Teilen erhalten. Die ionischen Kapitelle gehören zu den schönsten ihrer Art.

- 30B3
- 100 km östlich von İzmir
- 8–18 Uhr
- Restaurant ($) gegenüber der Römischen Ruinen oder in Salihli (9km)
- Bus ab İzmir
- nein
- preiswert

SELÇUK

Der Fremdenverkehr in dieser kleinen Stadt ist ganz auf die Nähe zu Ephesos ausgerichtet. Selçuk eignet sich sehr gut für einen Kurzaufenthalt, da auch die antiken Stätten südlich von Kuşadası nicht weit entfernt sind. Das Ephesos-Museum beherbergt Funde aus Ephesos. Versäumen Sie keinesfalls den Artemisraum, in dem die Statue der Göttin ausgestellt ist. Ebenfalls empfehlenswert ist die benachbarte ethnographische Abteilung. Die Stadt überragt der Ayasoluk-Hügel mit seiner byzantinisch-türkischen Festung und den Überresten der Johannes-Basilika, die über dem Grab des Apostels Johannes errichtet wurde. Von Selçuk aus kann man einen schönen Tagesausflug zur nur 8 km entfernten alten griechischen Stadt İrince unternehmen.

Ein Besuch des Ephesos-Museums ergänzt die Besichtigung der Ruinen

- 30B3
- 20 km nordöstlich von Kuşadası
- Restaurants ($–$$)
- Bus ab İzmir, *dolmuş* oder Minibus ab Ephesos, Kuşadası
- Atatürk Mah (0232) 892 6328 8.30–.17.30 Uhr (19 Uhr in der Hauptsaison)
- Kuşadası ► 46f
- Ephesos ► 19, 41, 42f

30A3
40 km südwestlich von İzmir
rund um die Uhr
Restaurants ($) in Sığacık
Dolmuş oder Minibus ab İzmir
nein
frei
İzmir ➤ 31ff
Çeşme ➤ 18

Ein kleiner Hafen und die Ruinen eines genuesischen Kastells prägen das Fischerdorf Sığacık

SİĞACIK UND TEOS

Das Dorf Sığacık entstand innerhalb der Mauern eines genuesischen Kastells. Da es über keinen Sandstrand verfügt, ist es ein ruhiger Ort. Etwa 1,5 km entfernt entsteht am Strand bei Akkum ein Ferienort, der mit der Zeit möglicherweise auch den Charakter von Sığacık verändern wird. Den besten Grund, weshalb man diesen Küstenabschnitt zwischen İzmir und Çeşme besuchen sollte, liefert das von Sığacık etwa 5 km entfernte antike Teos, das auch die englische Schriftstellerin Freya Stark bewundernd erwähnte. Hauptsehenswürdigkeit sind die Ruinen des Dionysus-Tempels, der einst der größte der antiken Welt war.

STADION IN APHRODISIAS ➤ 16

THEATER IN EPHESOS ➤ 19

TROJA (TRUVA)

Bevor Heinrich Schliemann 1870 mit den Ausgrabungen in der Nähe des Dorfes Hisarlık begann, ging man davon aus, daß Troja lediglich in den Gesängen Homers existiert. Schliemann war jedoch davon besessen, das Ilion Homers zu finden. Er entdeckte nicht nur eine, sondern vier Siedlungen, die jeweils auf den Ruinen der Vorgängerin erbaut worden waren. Späteren Ausgrabungsergebnissen zufolge muß man wohl von neun Siedlungsperioden ausgehen. Die ersten als Troja I bis Troja V (3000 v.Chr.–1800 v.Chr.) bekannten Perioden weisen ein ähnliches Kulturmuster auf. Danach ist ein Wandel zu verzeichnen, der mit dem wachsenden Wohlstand aufgrund der Handelsverbindungen in der Ägäis in Zusammenhang stand. Diese könnten die Ursache für den Konflikt mit den Griechen gewesen sein, die in Homers *Ilias* Troja belagern. Der größte Teil der *Ilias* konzentriert sich auf nur wenige Tage des Trojanischen Krieges: den Streit zwischen Achilleus, gößter Kämpfer, und Agamemnon, Anführer der Griechen.

Homers Ilion war möglicherweise Troja VI (1800–1275 v.Chr.), das 1275 v.Chr. durch ein Erdbeben oder durch Eroberung und Niederbrennen zerstört wurde. Der Ort war bis in römische Zeiten besiedelt, wobei Troja IX (300 v.Chr.–300 n.Chr.) die Mythologie vollendet. Das etwas albern wirkende gigantische Holzpferd am Eingang zu Troja läßt keinen Zweifel offen, welcher Periode das Interesse der heutigen Besucher gilt. Es gibt hier viel zu sehen, doch es ist eher ein Ort der Gräben, Hügel und Teilstücke denn der großartigen Bauwerke. Die Anlage ist überraschend klein; in ihr finden sich aber wohl nur spezialisierte Archäologen zurecht. Wenn man von den Stadtmauern aus über die trostlose Ebene blickt, kann man sich die Schlachten des griechischen Mythos vorstellen. Mit etwas Phantasie erscheint vor dem geistigen Auge die berühmte Szene, in der Achilleus Hektor dreimal um die Mauern Trojas verfolgt und ihn schließlich im Zweikampf tötet. Im Stadtinneren zählt eine massive Steinrampe zu den beeindruckendsten Sehenswürdigkeiten.

30A5
25 km südl. von Çanakkale
(0286) 283 0061
8.30–Sonnenuntergang
Dolmuş oder Minibus ab Çanakkale
nein
preiswert
Çanakkale ➤ 37
Çanakkale Boğazı ➤ 38
Gelibolu (Gallipoli) ➤ 44

Das »trojanisches Pferd« am Eingang zum Gelände

Wußten Sie schon?

In der Schicht Troja II entdeckte Schliemann den von ihm so genannten Schatz des Priamos, Tausende von Stücke, deren Gros heute im Puschkin-Museum in Moskau lagert.

XANTHOS ➤ 26

Südliche Ägäis

Im Gegensatz zur nördlichen Ägäisküste der Türkei ist der südliche Teil schon sehr viel länger Ziel der Besucher. Dennoch konnte der wichtigste Ferienort, Bodrum, seinen Charme bewahren und ist auch heute noch eines der angenehmsten Reiseziele an der Türkischen Riviera. Etwas weiter südöstlich liegt seine Konkurrentin Marmaris, von wo aus man leicht die griechische Insel Rhodos besuchen kann. In der hübschen kleinen Stadt Fethiye kann man bei einem Strandurlaub Sonne tanken und Wassersport treiben; sie liegt zudem in nur geringer Entfernung von einigen faszinierenden historischen Stätten. Diese stammen zum Teil sogar aus dem antiken Königreich Lykien, zu dem dieser Küstenabschnitt einst gehörte.

Diese Joner nun [...] haben ihre Städte gebaut in einem Land, das, unseres Wissens, den schönsten Himmel hat auf der ganzen Erde und der Jahreszeiten anmutigsten Wechsel.

HERODOT, *Forschungsbericht*
5. Jh. v.Chr.

Restaurantterrassen unterhalb des Kastells St. Peter in Bodrum

Bariş Meydanı 48
(0252) 316 1091
Sommer 8.30–19 Uhr; Winter Mo–Fr 8.30–12, 13–17.30 Uhr

Busse ab Fethiye, İzmir, Kuşadası, Marmaris, Pamukkale

Milas ➤ 83
Turgutreis ➤ 89

Bodrum

Obwohl das moderne Bodrum vor allem ein wichtiges Touristenzentrum ist, verströmt es mit seinen an den terrassierten Hügeln gelegenen weißen Häusern einen typisch mediterranen Charme. Der vor kurzem eröffnete Flughafen hat die Tourismusindustrie noch weiter angekurbelt. Bodrum verfügt zwar über keinen eigenen Strand, dennoch ist es der eleganteste Ferienort an der türkischen Ägäisküste.

Seit etwa 1100 v. Chr. wurde die karische Küste von den Dorern besiedelt. Gegenüber der griechischen Insel Kos entstand die antike Hafenstadt Halikarnassos, die 540 v. Chr. an die Perser fiel. Berühmte Söhne der Stadt sind Herodot (um 490–um 425 v. Chr.), der älteste griechische Geschichtsschreiber, und Mausolos (377–353 v. Chr.), der seine Residenz hierher verlegte und Halikarnassos prunkvoll ausbaute. 1402 n. Chr. errichteten die Jerusalemer Johanniter das wehrhafte Kastell St. Peter. Der Begriff *bodrum* bedeutet im Türkischen »Kellerverlies« oder »Kasematten«, und der moderne Name der Stadt bezieht sich vermutlich auf das Kastell oder das Mausoleum.

Das Johanniterkastell St. Peter ist die augenfälligste Sehenswürdigkeit in Bodrum. An der Nordseite des Kastells befindet sich die Touristeninformation. In den Fußgängerzone, die gegenüber der Burg beginnt, befindet sich der Basar, in dem man Leder, Bekleidung, Teppiche sowie Andenken und Geschenke kaufen kann. Die Dr Alim Bey Caddesi ist die östlich am Meer verlaufende Hauptstraße. Am Ende des Basars schlägt in der Cumhuriyet Caddesi das Herz von Bodrums legendärem Nachtleben. Die am Meer gelegene Nezen Tevfik Caddesi folgt westlich der Touristeninformation dem Hafenbogen und führt an Restaurantterrassen und Straßencafés vorbei zur Marina und den ruhigeren Stadtvierteln. In der von der Stadtmitte zum Busbahnhof verlaufenden Hauptstraße Cevat İşakir Caddesi gibt es weitere Geschäfte, Restaurants und das Postamt. Während der Hauptsaison ist Bodrum sicher kein idealer Ferienort für Besucher, die Ruhe und Zurückgezogenheit suchen – die modernen Diskotheken sind die lautesten an der ganzen Küste. Am Morgen ist Bodrum relativ ruhig, weil sich viele Touristen vom anstrengenden Nachtleben erholen und noch fest schlafen. Die auf der Bodrum-Halbinsel (➤ 62) verstreuten Strände entwickeln sich schnell zu eigenen Ferienorten. Bodrums Marina ist eine der beliebtesten Anlegestellen für Jachten, die in der Ägäis und auf dem Mittelmeer unterwegs sind. In der Stadt kann man hervorragend Törns organisieren. Jachten und Boote können mit und ohne Crew gemietet werden; und auch wer nicht selbst segelt, findet leicht Agenturen, die tageweise Segeltrips organisieren. Von der Halbinsel aus muß man mit dem Auto erst eine Stunde lang zur Hauptküstenstraße fahren. Bei einer Rundreise reicht ein zweitägiger Aufenthalt auf der Halbinsel, obwohl man hier auch leicht einige geruhsame Wochen an den Sandstränden verbringen und die Unterkünfte und Restaurants genießen kann.

Das mittelalterliche Kastell St. Peter wacht über das moderne Bodrum

Bodrum

Länge
5 km

Dauer
2–3 Stunden

Start
Touristeninformation
59B1

Ziel
Jachthafen
59A2

Mittagessen
Buğay
Turkkuyusu Caddesi
(0252) 316 2969

Auf der Suche nach Souvenirs findet man in Bodrum eine Vielzahl von Einkaufsmöglichkeiten

Von der Touristeninformation aus gehen Sie wenige hundert Meter bis zu einer Gabelung. Halten Sie sich an der Gabelung rechts und gehen Sie dann links am Minarett einer Moschee vorbei die Cevat Sakir Caddesi hinauf.

Gegenüber dem Postamt befindet sich rechts ein interessantes Antiquitätengeschäft. Biegen Sie rechts in die Atatürk Caddesi ab, hier finden Sie Läden, *pansiyons* und Cafés.

Nach 500 m zeigen mehrere blaue Schilder nach links auf ein Türkisches Bad (hamam) sowie die Pensionen Zozo, Anfora und Sengül. Biegen Sie links und kurz nach dem Hamam noch einmal links in die Artemisia Caddesi ab. An deren Ende gelangen Sie wieder auf die Cevat Sakir Caddesi, wo Sie sich erneut nach links wenden.

Rechts treffen Sie auf einen Obstmarkt, und gegenüber sehen Sie Andenkenläden, darunter auch ein Juweliergeschäft.

Gleich hinter diesem Laden überqueren Sie die Straße und biegen rechts in die Eski Hükümet Sokak ein, die zur Türkkuyusu Caddesi führt. Biegen Sie hier rechts ab, und legen Sie eine Pause ein. Folgen Sie dann der Straße bis zur Kreuzung, wo Sie links abbiegen.

Rechts befindet sich das Restaurant Picante und etwas weiter das Mausoleum (► 61).

Biegen Sie vom Mausoleum aus rechts und dann noch einmal in die erste Straße rechts ein. Diese führt zum Jachthafen.

Sehenswürdigkeiten in Bodrum

BODRUM KALESI (KASTELL ST. PETER) ➤ 17

GÖKOVA KÖRFEZI (GOLF VON GÖKOVA) ✪✪

✚ 30B2

In Bodrum gibt es Boote und Jachten sowie nahe der Touristeninformation an der Dr Alim Bey Caddesi und der Marina bei der Neazen Tevfik Caddesi Agenturen, bei denen man Tagesfahrten buchen kann. Die meisten Ausflüge führen zuerst zur Insel Karaad mit ihren heißen Quellen und Moorbädern und weiter zum Strand von Ortakent (➤ 84) sowie zum Schwimmen und Mittagessen an der Küste und auf der griechischen Insel Kos. Auf der Rückfahrt nach Bodrum legen die Boote häufig an einer flachen Meeresstelle an.

MAUSOLEION (MAUSOLEUM) ✪

✚ 59A2
✉ Turgutreis Caddesi
🕐 täglich 8–17 Uhr
🍴 keine
♿ nein
✋ preiswert

Das antike Halikarnassos beherbergte damals eines der Sieben Weltwunder, das dem Satrapen Mausolos von seiner Witwe und Schwester Artemisia errichtete Grabmal. Das Bauwerk war so außergewöhnlich, daß der Begriff »Mausoleum« Aufnahme in den Wortschatz fand. 1402 n. Chr. wurde es von den Rittern des Johanniterordens als Steinbruch für den Bau des Kastells mißbraucht. Übrig blieben die Fundamente sowie Säulenbruchstücke und Teile der Außenmauer und des unterirdischen Gewölbes. Dennoch lohnt sich ein Besuch, denn eine informative Ausstellung mit Modellen zeigt, wie das Mausoleum ausgesehen haben könnte. Zu bewundern sind zudem Abgüsse, aber auch einige wenige Originalstücke des Amazonenfrieses, dessen Original ansonsten in das Britische Museum in London geschafft wurde.

Schnorcheln zählt zu den reizvollsten und am einfachsten zu organisierenden Wassersportarten an der Ägäischen Küste

59A3
Restaurants und Strandcafés ($–$$)
Dolmuş/Minibus/Boot ab Bodrum
Turgutreis ➤ 89
Gümbet ➤ 72
Yalıkavak ➤ 90
Ortakent ➤ 84

TIYATRO (THEATER) UND HALBINSEL

Nordwestlich vom Mausoleum befindet sich das vollständig restaurierte antike Theater. Der unter Mausolos begonnene Bau wurde von den Römern erweitert und dient heute als Veranstaltungsort während des Herbstfestivals. Die schöne Aussicht wird durch den Lärm der Straße etwas gemindert.

Auf der Halbinsel von Bodrum selbst liegt der nächste Strand, Gümbet, etwa 3 km entfernt. Dieser ist leicht mit dem *dolmuş* oder zu Fuß über die hinter der Marina ins Inland führende Straße zu erreichen. Das mit Hotels überbaute Gümbet ist das »Revier« der 18- bis 30jährigen. Weiter westlich liegen der mittelmäßige Strand des etwas gehobeneren Ortes Bitez und der Strand bei Ortakent (in den Ferien bei türkischen Familien beliebt). Kagı, Bağla, Karaincir und Akyarlar an der Südküste der Halbinsel sind ruhiger, bieten trotzdem Wassersportmöglichkeiten und saubereres Wasser als die näher bei Bodrum gelegenen Strände.

Zuschauerränge im antiken Theater von Bodrum

Rund um Bodrum

Mit der morgendlichen Autofähre setzen Sie von Bodrum nach Körmen über; die genauen Abfahrtszeiten erfahren Sie in der Touristeninformation. Von Körmen fährt man etwa 10 Minuten über die Halbinsel zur Stadt Datça (➤ 65).

Länge
185 km

Dauer
3–5 Stunden

Start und Ziel
Bodrum
30B2

Mittagessen
Zahlreiche Möglichkeiten in Marmaris ($–$$)

Zwischen Körmen und Datça führt rechts (ausgeschildert) eine Straße nach Knidos (➤ 76) am westlichen Ende der Halbinsel. Sofern Sie den schlechten Zustand der Straße scheuen oder genügend Zeit haben, können Sie mit dem Boot nach Knidos gelangen. Ansonsten fahren Sie direkt nach Datça.

Der berühmte Marmaris-Honig wird geerntet

Fahren Sie dann auf der Hauptstraße (440) nach Marmaris.

In Marmaris (➤ 80f) kann man am besten Mittagessen.

Folgen Sie ab Marmaris den Schildern in Richtung Muğla.

Die umliegenden Wälder sind voller Bienenstöcke, denn von hier stammt der berühmte Pinienhonig von Marmaris.

Etwa 12 km nach der Abzweigung nach Fethiye biegen Sie von der Hauptstraße rechts ab und folgen der Beschilderung nach Muğla.

Bereits Alexander der Große führte seine Armee über diesen Gebirgspaß, heutzutage schafft man diese Strecke mit dem Auto in erheblich kürzerer Zeit. Halten Sie an einem der in ausreichender Zahl vorhandenen Parkplätze und genießen Sie die Landschaft und den Blick über den Golf von Gökova.

Folgen Sie ab Muğla (➤ 83) der Ausschilderung nach Yatağan, um so wieder auf die Hauptstraße zu gelangen. Biegen Sie in Yatağan links in Richtung Milas (➤ 83) ab und von dort aus in Richtung Südwesten nach Bodrum.

Unten: *Der Strand bei Calis empfiehlt sich als ruhige Alternative zum Trubel von Ölüdeniz*

Sehenswürdigkeiten in der Südägäis

ALTINKUM

30B2
5 km südlich von Didim
Restaurants ($–$$)
Dolmuş oder Minibus ab Kuşadası
Didim (Didyma) ➤ 66

Laut Reiseprospekt gilt für dieses bei Urlaubern beliebte Reiseziel das Motto »Entspannung am Tag, Trubel in der Nacht«. Der wunderschöne, einen Kilometer lange Strand ist zu Recht beliebt und wird tagtäglich von den Bewohnern der hinter dem Strand aufgereihten zahlreichen Hotels und *pansiyons* bevölkert. Hier gibt es Restaurants und ein modernes Einkaufszentrum, in dem man zum Beispiel Uhren und Designer-Kleidung erwerben kann. Mit dem Auto nur etwa fünf Minuten entfernt und von wohl beständigerem Wert ist der phantastische Apollo-Tempel in Didyma (Didim ➤ 66).

BOZBURUN

30B1
30 km westlich von Marmaris
Restaurants am Kai ($–$$)
Dolmuş oder Minibus ab Marmaris

Dieses für die türkische Ägäis eher untypische Küstendorf bietet zwar einen Hafen, jedoch keinen Strand. Im Dorf gibt es einige Unterkünfte und Familienrestaurants. Hier halten die Boote zur Mittagspause, und bei den Felsen kann man gut schwimmen.

CALIS

30C1
5 km nördlich von Fethiye
Restaurants ($–$$)
Dolmuş/Minibus oder Fähren – *dolmuş* ab Fethiye
Fethiye ➤ 68f
Hisarönü ➤ 73

Außer einem Kiesstrand ist dies der nächste Strand bei Fethiye; beide Orte sind durch regelmäßige Boots- und Buslinien miteinander verbunden. Der etwa 2 km lange Strand verläuft parallel zur Straße, die während der Hauptsaison gesperrt ist. Zwar gibt es auch hier die übliche Auswahl an Hotels, Bars und Restaurants, dennoch ist Calis sehr viel ruhiger und angenehmer als das nahe gelegene Hisarönü.

Oben und links: *Gesunder Spaß im heilkräftigen Schlamm bei Dalyan*

DALYAN ✪✪

Das nahe dem Flughafen und der Hauptküstenstraße gelegene Dalyan liegt östlich von Marmaris und westlich der antiken lykischen Stätten. Täglich fahren vor 10 Uhr die Boote zum 40 Minuten entfernten Strand von İztuzu ab, an dem zudem zwischen Mai und Oktober die Karettschildkröten ihre Eier ablegen. Damit die jungen Schildkröten nicht durch helles Licht irritiert werden, durfte der Strand nicht ausgebaut werden. Nachdem Sie hier einen Tag verbracht haben, können Sie nachmittags wieder zurückfahren. Am Strand gibt es nur wenig Schatten, vergessen Sie also nicht, Sonnencreme und -hut mitzubringen. Beliebtes Ausflugsziel sind auch die mit dem Boot etwa 10 Minuten entfernten Thermalquellen von Ilıca. Als äußerst wohltuend gilt ein Bad in den bis zu 40 Grad warmen Schlammbecken. In kühleren Monaten kann man sich in Dalyan Fahrräder mieten und einen wunderschönen Ausflug zu den antiken Ruinen von Kaunos unternehmen (➤ 75).

30C2
13 km südlich der Straße Muğla – Fethiye
Restaurants ($–$$)
Dolmuş oder Minibus nach Marmaris, Muğla und Fethiye
Tagesausflüge ab Dalyan verbinden die Strände von İztuzu, Kaunos und Köyceğiz
Kaunos ➤ 75
Köyceğiz ➤ 76

DATÇA ✪

In der auf einer schmalen Halbinsel gelegenen Stadt konzentriert sich das geschäftliche Leben auf die lange Hauptstraße. Im Hafen legen immer mehr Jachten an, und die Stadt richtet sich langsam auf Touristen ein: Inzwischen gibt es an der Uferpromenade Hotels, Restaurants und Musikbars. Mit dem Boot kann man Ausflüge in das antike Knidos und zu verschiedenen, außerhalb der Stadt gelegenen Schwimmplätzen unternehmen. Die schönste Gelegenheit zum Schwimmen nahe der Stadt haben Sie am äußersten Ende des Weststrandes. Hier kann man dem süßen Nichtstun frönen.

30B2
75 km westlich von Marmaris
Im Zentrum (0252) 712 3163
Restaurants ($–$$)
Dolmuş/Minibus ab Marmaris und Muğla, Fähre ab Körmen nach Bodrum
Knidos ➤ 76
Marmaris ➤ 80f

Trotz ihres Schlangenhauptes wurde Medusa von Poseidon geliebt

30B2
75 km südlich von Kuşadası
(0256) 813 1968
tägl. 8.30–17.30 Uhr
zwei Restaurants ($) gegenüber dem Eingang;
Dolmuş oder Minibus ab Söke
nein
preiswert
Ausflüge ab Kuşadası verbinden Milet, Priene und Didyma.
Altinkum ➤ 64
Milet ➤ 50
Priene ➤ 52

DİDİM (DIDYMA) ✪✪✪

Auf keinen Fall sollte man den Apollo-Tempel, der einst ein Orakel beherbergte, versäumen. Im späten 5. Jahrhundert v.Chr. zerstörten die Perser einen hier stehenden Tempel; der Bau des Tempels, der heute spektakulär an der Straße aufragt, wurde etwa 300 v.Chr. begonnen. Durch exzellente Restaurierungsarbeiten konnten die mächtigen Proportionen und die Schönheit des Tempels wieder sichtbar gemacht werden. Besichtigen Sie auch die Rückseite des Bauwerks. Dort haben Archäologen eine der umgefallenen Säulen in ihrer Lage nach dem Sturz belassen. Am Eingang findet sich ein beeindruckendes Medusenhaupt, das einst zu einem reich verzierten Fries aus dem 1. Jahrhundert v. Chr. gehörte.

Über eine Treppe gelangt man zur zwölfsäuligen Hauptplattform; von hier führen zwei Gänge in den Keller hinab. Am anderen Ende stand ein Gebäude, das eine Kultstatue beherbergte. Hier bei der Orakelquelle verkündete die Prophetin ihre Weissagungen den Tempelpriestern, die sie niederschrieben und in Hexameter kleideten. Einige Fragmente der Orakelsprüche hat man gefunden; wahrscheinlich jedoch wurden die meisten von Christen zerstört, die im Tempelinneren eine Kirche erbauten. Die Römer errichteten in der Nähe des Tempels ein Stadion, so daß die unteren Treppen der Tempelsüdseite als Sitze verwendet werden konnten. Noch heute kann man viele der auf reservierten Plätzen eingeritzten Namen erkennen. Nach der Besichtigung des Tempels lädt die Terrasse der Pension Oracle, von wo aus man über die Westseite der Anlage blickt, zum Ausruhen ein.

Spaziergang durch Fethiye

Dieser Rundgang beginnt an der Touristeninformation (➤ 68), wo Sie sich einen Stadtplan besorgen können. Biegen Sie hier rechts ab.

Nach 100 m kommen Sie am rechts gelegenen römischen Theater vorbei (➤ 68). Nehmen Sie dann am gleich folgenden Kreisverkehr die ins Landesinnere führende Straße, und folgen Sie dem schwarz-gelben Schild zur Altstadt.

Kurz darauf passieren Sie ein Türkisches Bad (➤ 115) und den gegenüberliegenden Car Cemetery Pub. Am Ende der Straße schauen Sie kurz im Ottoman Café (➤ 113) vorbei.

Biegen Sie nun links ab, und gehen Sie bis zur Kreuzung an der Atatürk-Statue weiter. Nehmen Sie die Straße zur Rechten.

Kurz vor dem PTT (Postamt) befindet sich auf der linken Seite ein lykischer Sarkophag (➤ 68).

Bleiben Sie auf der Hauptstraße, bis Sie zu einer Moschee gelangen. Biegen Sie an dieser Kreuzung rechts ab und folgen Sie der Straße. An der Kreuzung nehmen Sie die Straße links in Richtung der Schilder zu den Felsengräbern. Biegen Sie nach wenigen hundert Metern bei einem weiteren Schild zu den lykischen Felsgräbern rechts ab. Nehmen Sie am oberen Ende wieder die nächste Abzweigung nach rechts, dann biegen Sie am Spielplatz links ab und gehen zwischen den Häusern zum Eingang zu den lykischen Felsengräbern (➤ 25). Kehren Sie wieder zur Kreuzung bei der Moschee zurück und folgen Sie der Hastane Caddesi; im Hotel können Sie das Mittagessen einnehmen.

Länge
5 km

Dauer
2–3 Stunden

Start
Touristeninformation
30C1

Ziel
Hotel Sesa Park
30C1

Mittagessen
Hotel Sesa Park
Akdeniz Caddesi 17
(0252) 614 4656

Einige der Gräber, die aus den Fethiye überragenden Felswänden geschlagen wurden, kann man von der Straße aus zu Fuß erreichen

30B2
zwischen Bafa-See und Milas, 2 km südöstlich von Selimiye
ganztägig
Dolmuş/Minibus ab Milas
nein
preiswert
Milas ➤ 83
Iasos ➤ 73
Herakleia ➤ 45

EUROMOS ✪✪

Einziger nennenswerter Überrest der antiken Stadt Euromos ist der Zeus-Tempel. Dieser ist jedoch zwischen den Olivenhainen so malerisch gelegen, daß sich der kleine Umweg auf der Fahrt von Milas nach Kuşadası auf jeden Fall lohnt. Euromos wurde im 6. Jahrhundert v.Chr. gegründet; der Tempel verdankt seine Existenz den Römern, und zwar wahrscheinlich dem Kaiser Hadrian (117–38 n.Chr.). In der etwa einen halben Kilometer entfernten Stadt gibt es nur den Teil einer Stadtmauer aus dem 3. Jahrhundert n. Chr. zu sehen.

30C1
170 km östlich von Marmaris, 80 km nordwestlich von Kalkan
nahe dem Hafen, İskele Meydan 1 ☎ (0252) 614 1150

Museum
☎ (0252) 614 1527
Sommer 8–12, 13–20 Uhr; Winter 8–17 Uhr
Restaurants ($–$$)
Bus nach Denizli, İzmir, Kalkan, Marmaris, Pamukkale, Patara, Xanthos

Kayaköy ➤ 75
Ölüdeniz ➤ 21
Calis ➤ 64
Hisarönü ➤ 73
Lykische Felsengräber ➤ 25
Xanthos ➤ 26, 90
Letoön ➤ 77
Pinara ➤ 85
Tlos ➤ 88

FETHİYE ✪✪

Die auf dem Grund der antiken Stadt Telmessos errichtete moderne Stadt Fethiye wurde nach einer Erdbebenkatastrophe 1957 vollständig wieder aufgebaut. Der moderne Kai und die Promenade ruhen auf Bruchsteinen der alten Stadt. Da sich hier bereits 1857 ein Erdbeben ereignete, ist vom antiken Telmessos nur sehr wenig übriggeblieben. Über seine Ursprünge ist nichts bekannt. Es wurde Teil von Lykien, fiel Alexander dem Großen zu und wurde später von den Römern regiert. Außer den lykischen Felsengräbern (➤ 25) und einem kürzlich ausgegrabenen römischen Theater in der Nähe der Touristeninformation – beide können auf einem morgendlichen Stadtspaziergang leicht besichtigt werden (➤ 67) – erinnert an das antike Telmessos ein großer Sarkophag mit gewölbtem Deckel und schönen, lykische Krieger darstellenden Reliefs. Noch Ende des 19. Jahrhunderts stand er im Wasser, heute kann man ihn jedoch aufgrund des gesunkenen Meeresspiegels trockenen Fußes besichtigen.

Obwohl auch Fethiye ein Ferienort ist, unterscheidet es sich doch erheblich von Bodrum oder Marmaris. Die Stadt ist bodenständiger, und man hat versucht, eine zu starke Kommerzialisierung zu vermeiden und den türkischen Charakter zu erhalten. Doch wie in Bodrum und Marmaris tobt auch hier jeden Morgen an den Kais das Leben, wenn die Touristen mit Ausflugsbooten zu den nahegelegenen Stränden und Inseln ausschwärmen. Auch hier gibt es zahlreiche Restaurants und Hotels, betriebsame Bars, ein Türkisches Bad (➤ 115) und schöne, goldene Sandstrände in der näheren Umgebung. Fethiye eignet sich zudem hervorragend als Ausgangspunkt für Ausflüge zu zahlreichen großen und kleinen antiken Stätten oder zur »Geisterstadt« Kayaköy (➤ 75). Das kleine Museum im Stadtzentrum (Di–So 8.30–17 Uhr) beherbergt einige interessante archäologische Funde aus Letoon und Patara. Die wichtigste Bushaltestelle liegt 2 km östlich der Stadt, und die im Stadtzentrum hinter der Moschee haltenden *dolmuş* bringen den Besucher zu den örtlichen Stränden. Die Busgesellschaft Pamukkale unterhält zudem Büros im Stadtzentrum, so daß man problemlos Überland-Busreisen buchen kann. Ölüdeniz (➤ 21) ist der beliebteste und bekannteste örtliche Strand; weitere nahe gelegene Strände sind Calis und Hisarönü. In der Bucht von Fethiye liegen zwölf Inseln, von denen man einige für Schwimmausflüge mit Booten anfahren und erkunden kann.

Links: *Seine idyllische Lage verleiht dem Zeus-Tempel in Euromos einen besonderen Reiz*

Unten: *Jeden Morgen legen in Fethiye die Ausflugsboote ab*

Gut zu wissen

Wenn Sie sich rasch über die türkische Ägäis orientieren wollen, so finden Sie hier jeweils 10 Anregungen:

10 Tips zum Eingewöhnen

Trinken Sie tagsüber Tee ohne Milch.
Verneinen Sie, indem Sie Kopf und Augen nach oben heben und mit der Zunge schnalzen.
Ziehen Sie die Schuhe aus, wenn Sie eine Moschee betreten, achten Sie dabei auf dezente Kleidung. Frauen sollten ihr Haar bedecken.
Entspannen Sie sich mit einem Satz Tespih-Perlen.
Sprühen Sie sich in Überlandbussen das angebotene Eau de Cologne ins Gesicht.
Männer sollten sich bei einem traditionellen Friseur rasieren lassen.
Spielen Sie Backgammon im Freien.
Tolerieren Sie Raucher auch in Nichtraucherbereichen. Die Türkei ist ein Land von Rauchern.
Trinken Sie Mineralwasser und meiden Sie das unangenehm schmeckende Leitungswasser.
Achten Sie auf den mediterranen Brauch des *piyasa vakti* (»Platz-Zeit«), ziehen Sie sich abends hübsch an, bummeln Sie durch die Stadt und an der Uferpromenade entlang, und widmen Sie sich der Kunst des leichten Geplauders.

10 Schöne Restaurants

Agora ($) ✉ Herakleia ☎ (0252) 543 5445 Im hübschesten der wenigen Restaurants in Herakleia serviert man türkische und ein paar westliche Gerichte. Hier sitzt man im schattigen Freien.
Efes Pub ($) ✉ SSK İşhanı 07, Konak, İzmir ☎ (0232) 484 7036 ⌚ 8–24 Uhr. In diesem in der Nähe von Museum und Basar gelegenen Restaurant mit Bar und Alkoholausschank bietet die Speisekarte Lamm-, Grill- und Steakgerichte sowie verschiedene Salatplatten.
Kalehan ($) ✉ Kalehan Hotel, Atatürk Caddesi 49, Selçuk ☎ (0232) 892 6154 Das einzige für die Umgebung etwas typische Restaurant in Selçuk bietet Klimaanlage und gute türkische Küche, täglich wechselnde Tageskarte, preiswerte 4-Gänge-Menüs und eine Weinkarte.
Körfez ($) ✉ am Hafen, Çeşme ☎ (0232) 712 6718 Am Meer gelegenes Restaurant mit großer Speisekarte, am besten sind die Fischgerichte. Beeindruckende Auswahl an *meze* und Fischgerichten. Internationale Küche für Liebhaber von Chicken Curry oder Steak und Pommes frites.
L'Angelo Italiano ($–$$) ✉ Neyzen Tevfik Caddesi, Bodrum ☎ (0252) 614 63241 Auf der Marina-Seite der Stadt vom Wasser ab- und demzufolge ruhig gelegen. Passable italienische Küche.
Motel Koru ($) ✉ Pamukkale ☎ (0258) 272 2429. Das über der weiten Ebene unter dem Plateau von Pamukkale gelegene Restaurant bietet akzeptable Gerichte und einen phantastischen Blick. Die Bar befindet sich vor dem Eingang zum Restaurant.
Pergamum Pansiyon ($) ✉ Bankalar Caddesi 4, Bergama ☎ (0232) 633 2395. Einen Kilometer von der Touristeninformation auf derselben Seite der Hauptstraße gelegenes Restaurant mit türkischen Fleisch- und Gemüsegerichten in Dampftöpfen und hübschem Innenraum mit Steinwänden.
Rihtim ($) ✉ Çanakkale ☎ (0286) 217 1770 Unter den Restaurants an

der Uferstraße gegenüber den Dardanellen (gleich links, wenn man vor dem Hauptdock für die Autofähren steht) ist das Rihtim eines der älteren Häuser. Zahlreiche Gerichte, Spezialität ist Fisch, der mit Salat und Pommes frites serviert wird.

İelgle ($) ✉ Güllübahçe ☎ (0256) 547 1009 Ein kleiner Wasserfall beim Restaurant läßt die Fischgerichte, Kebabs, Steaks oder Fleischbällchen, die man hier vor oder nach der Besichtigung des antiken Priene genießt, noch besser schmecken.

Villa Pizza ($) ✉ Çarşi Caddesi Fethiye ☎ (0252) 614 645. Hier, um die Ecke vom Ottoman Café, kann man zwischen zwei Dutzend z.T. vegetarischen Arten von Pizza wählen. Türkische Küche zu ähnlichen Preisen erhält man auf der anderen Straßenseite bei Meğri auf Nr. 13.

10

Aktivitäten

Bootfahren: Mieten Sie ein Boot, nehmen Sie an einem Törn teil.
Schnorcheln oder tauchen Sie.
Schwimmen: Nutzen Sie die vielen verschiedenen Strände (➤ 110).
Besichtigen Sie antike Stätten: Ephesos und andere Stätten bieten die meisten Fundstücke, unbekanntere Stätten überzeugen oft durch ihre Atmosphäre.
Besuchen Sie eine griechische Insel: z. B. Rhodos (➤ 82), von Marmaris aus.
Wandern: Die beste Art, Natur und Landschaft zu entdecken.
Shopping: Die Geschäfte sind durchgehend bis spät nachts geöffnet (➤ 104ff).
Naturbeobachtung: Karettschildkröten an Stränden, Störche auf Gebäuden, Eidechsen und Schildkröten bei den antiken Stätten.
Nachtleben: In den großen Ferienorten ist der Sommer eine einzige große Party.
Besondere Erlebnisse: Erleben Sie die geheimnisvolle Kunst des Kamelringens, in der Regel zwischen Ende Oktober und März, vor allem in der Region Selçuk beliebt.

10

Schnäppchen

- Teppiche werden überall verkauft.
- Keramikteller, -schüsseln, -tassen und -töpfe sind in lebhaftem Blau und Grün gehalten und mit abstrakten Mustern verziert.
- Ein Teetablett aus Messing und kleine Teegläser
- Designer-Kleidung
- Spezialitäten: Pinienhonig, Pinienkerne, Gebäck im Geschenkkarton und türkische Süßigkeiten
- Lederjacken, -schuhe, -taschen und -gürtel sowie Mäntel
- Handgeschnitzte Pfeifen und Figuren aus westanatolischem Meerschaum (weißes Magnesiumsilicat)
- Onyx kauft man am besten in einer Werkstatt, wo man sehen kann, wie das Quarz geschnitten wird.
- Souvenirs wie Wasserpfeifen, Kupferwaren oder Schmuck
- Eine oder zwei Flaschen Raki

Streß abbauen mit einem Satz Tespih-Perlen

Bootsausflug mit einem gület

GÖKOVA KÖRFEZI (GOLF VON GÖKOVA) ✪✪

30B2
zwischen Bodrum und Marmaris
Boote und Jachten aus Bodrum und Marmaris
mittel bis teuer, je nach Länge des Ausflugs
Bodrum ➤ 58ff
Marmaris ➤ 80f

Bodrum ist der beliebteste Ausgangspunkt für einen Ausflugstrip am wunderschönen, 56 km langen Küstenabschnitt am Golf von Gökova. Die traditionellen breiten Boote der Region, *gület*, können samt Crew und meist inklusive Wassersportausrüstung gechartert werden. Angefahren werden unter anderem Yedi Adalar, eine ruhige Bucht im Südosten des Golfs, und Sideyri Adası (Zederninsel, ➤ 85). Der dortige Strand wurde der Überlieferung zufolge von Marcus Antonius für Kleopatra angelegt.

GÜMBET ✪

30B2
2 km westlich von Bodrum
Touristenrestaurants ($–$$)
Dolmuş oder Minibus ab Bodrum
Bodrum ➤ 58ff
Gümüşlük ➤ 73
Turgutreis ➤ 89

Dieser Bodrum nächstgelegene Strand hat sich zu einem eigenen Ferienort entwickelt und ist bei jungen Leuten (vor allem Briten) ein beliebtes Ziel für zwei Wochen Pauschalurlaub. Hier gibt es unzählige Hotels, Pubs, Diskos und Restaurants; der 600 m lange Strand ist nicht überwältigend, aber dennoch im Hochsommer knallvoll. Gümbet bietet vielfältige Möglichkeiten für Wassersportarten und für Unterhaltung am Strand.

GÜMÜŞLÜK

Dieses malerisch gelegene Fischerdorf, von Bodrum eine halbe Stunde Fahrt entfernt, ist den schlimmsten touristischen Auswüchsen entgangen. Das Dorf steht auf der Stelle des antiken Myndos, weshalb für neue Gebäude strenge Bauvorschriften gelten. In den Fischlokalen (➤ 98) an der Uferpromenade kann man zwar nicht besonders preiswert, jedoch wunderbar zu Mittag essen oder bei Sonnenuntergang das Abendessen genießen. Der sandige Kiesstrand ist etwa einen Kilometer lang und am Südende kann man nahe an einige Ruinen von Myndos heranschwimmen.

30B2
15 km westlich von Bodrum
Fischrestaurants ($$–$$$)
Dolmuş oder Minibus ab Bodrum
Bodrum ➤ 58ff
Turgutreis ➤ 89
Yalıkavak ➤ 90
Gümbet ➤ 72
Ortakent ➤ 84

HISARÖNÜ UND OVACIK

Die nicht ganz an der Küste gelegenen Orte Hisarönü und Ovacık entwickeln sich rasant zu Unterkunftszentren für die Region Fethiye. Das größere und beliebtere Hisarönü dient vor allem als touristische Satellitensiedlung für das etwa 4 km bergabwärts gelegene Öldeniz. Fish-and-chips-Stände dokumentieren seine Beliebtheit bei britischen Urlaubern; ruhigere Ferien verlebt man im nahegelegenen Calis. Sowohl in Hisarönü als auch in Ovacık entstehen ständig neue Bars und Restaurants, die ein breiteres Angebot und eine schmackhaftere Küche als die Lokale an den Stränden bieten.

30C1
10 km südlich von Fethiye
Bars und Restaurants ($–$$)
Dolmuş oder Minibus ab Fethiye
Kayaköy ➤ 75
Ölüdeniz ➤ 21
Calis ➤ 64
Fethiye ➤ 25, 68f
Xanthos ➤ 26, 90
Letoon ➤ 77
Pinara ➤ 85
Tlos ➤ 88

IASOS

Das etwa 2000 v.Chr. besiedelte antike Iasos blühte unter den Römern auf; in der byzantinischen Epoche errichteten die Kreuzritter des Johanniterordens hier ein Kastell. Die letzten Spuren der Stadt finden sich neben dem Dorf Kıyıkışlacık, dessen Name »die kleinen Hütten an der Küste« bedeutet. Die meisten der heute noch sichtbaren Überreste stammen aus dem 2. Jahrhundert n.Chr., so etwa Ruinen eines römischen Mausoleums und ein *bouleuterion* (Versammlungshalle). Es bedarf jedoch einiger Phantasie, um sich die Anlage im vollständigen Zustand vorstellen zu können. Über dem Mausoleum befindet sich ein kleines Museum, dessen bruchstückhafte Exponate rührende Erinnerungsstücke an eine fast gänzlich verschwundene Stadt darstellen.

30B2
Kıyıkışlacık, 8 km nordwestlich von Milas, 4 km südöstlich von Euromos
ganztägig
Fischrestaurants ($) in Kıyıkışlacık
Dolmuş oder Minibus ab Milas oder Boot ab Güllük
nein
preiswert
Milas ➤ 83
Euromos ➤ 68

Links: *In den Fischlokalen in Gümüşlük speist man direkt am Wasser*

30B2
8 km südlich von Marmaris
Restaurants ($–$$)
Dolmuş/Minibus oder *dolmuş*-Fähre ab Marmaris
Marmaris ➤ 80f
Turunç ➤ 89
Bozburun ➤ 64
Datça ➤ 65
Ródos (Rhodos) ➤ 82

Içmeler ist ein ruhigerer Ort als die Nachbarstadt Marmaris

IÇMELER

Obwohl der Unterschied zwischen Marmaris und dem Ferienort Içmeler immer kleiner wird, so sind beide Städte qualitativ doch noch sehr verschieden. Içmeler ist von etwas gesetzterem Charakter: Die Diskotheken schließen früher, es gibt weniger Billig-Unterkünfte, und die typische Klientel – meist Briten oder Deutsche – ist wohl eher im mittleren Alter. Beide Ferienorte verbindet ein 8 km langer Strand. Dieser ist zwar im Gemeindebesitz, dennoch versuchen die meisten hinter dem Strand gelegenen Hotels, einen Abschnitt zu besetzen, indem sie dort ihre Liegestühle aufstellen. Die Fahrt mit der *dolmuş*-Fähre dauert eine halbe Stunde, letzter Halt in Marmaris ist hinter dem Munumar Vista Hotel (➤ 103).

KALKAN

Von Fethiye kommend erreicht die Straße plötzlich die Spitze einer Klippe. Von dort erblickt man eine kleine Stadt, die sich in einer Bucht an die Klippen schmiegt. Der bis zur Explosion der Tourismusindustrie wohlgehütete Geheimtip bietet sich auch heute noch für Reisende, die diesen Küstenabschnitt entdecken möchten, als angenehme Alternative zu Fethiye an. Die die steilen, gepflasterten Straßen säumenden malerischen Häuser der Stadt scheinen fest mit dem Berg verwachsen zu sein. Es gibt einen Kiesstrand, eine gute Auswahl an Unterkünften und annehmbare Restaurants.

30C1
80 km östlich von Fethiye
Restaurants ($–$$)
Dolmuş oder Minibus von Fethiye und Kas
nein
Xanthos ➤ 26, 90
Letoon ➤ 77
Pinara ➤ 85
Tlos ➤ 88

KAUNOS

Die Ruinen des im 9. Jahrhundert v.Chr. gegründeten antiken Kaunos kann man im Rahmen eines lohnenden Bootsausflugs vom nahe gelegenen Dalyan aus besichtigen. Die ursprünglich karische Stadt geriet unter den kulturellen Einfluß des benachbarten Lykien, erkennbar an den verzierten Felsgräbern, die den lykischen Felsgräbern in Fethiye (➤ 25) gleichen. Die archäologischen Arbeiten sind hier noch in vollem Gang; zu den Ruinen gehören gut erhaltene Mauerabschnitte aus dem 4. Jahrhundert v.Chr. sowie ein etwa 200 Jahre jüngeres Theater. In der Antike reichte das Mittelmeer bis an die Akropolis, doch schon bald darauf muß sich das heutige, mückenreiche (Insektenschutzmittel nicht vergessen!) Marschland ausgedehnt haben. Herodot bemerkte, daß die Bewohner eine gelblich Haut besäßen, was vermutlich auf Malaria zurückgeht.

30C2
Dalyan ➤ 65
8.30–17.30 Uhr
Dolmuş oder Minibus aus Marmaris, Muğla und Fethiye
preiswert
Tagestouren ab Dalyan
Dalyan ➤ 65
Köyceğiz ➤ 76

Die Felsgräber von Kaunos sieht man am besten von einem Boot aus

KAYAKÖY

Das ehemalige Levissi verlor 1923 nach dem Bevölkerungsaustausch infolge des Krieges mit Griechenland (➤ 11) seine griechisch-orthodoxen Bewohner. Der Versuch, Kayaköy zu einem Ferienort zu machen, wurde im Keim erstickt. So kann man heute noch in dem unbewohnten Ort herumspazieren und über die tragischen Folgen von Politik sinnieren.

30C1
7 km südlich von Fethiye
Restaurants und Cafés ($)
Dolmuş oder Minibus ab Fethiye
Fethiye ➤ 68f, Ölüdeniz ➤ 21, Calis ➤ 64, Hisarönü ➤ 73

30B2
35 km westlich von Datça
8–19 Uhr
Fischrestaurants ($–$$) nahe dem Dock
Boot aus Datça
nein
preiswert
Datça ➤ 65

Unten: *Die phantastisch gelegenen Ruinen von Knidos*

KNIDOS

Ihre Lage an der westlichen Spitze einer schmalen Halbinsel zeichnet die Stadt Knidos einst und heute aus. Nur eine unbefestigte Straße (➤ 63) führt von Osten in die Ruinenstätte, so daß die Anfahrt per Boot empfehlenswerter ist. Dank zweier geschützter Häfen blühte die Stadt seit ihrer Gründung im 7. Jahrhundert v. Chr. rasch durch Schiffahrt und Handel auf. Der kleinere antike Kriegshafen öffnete sich nach Norden in den Golf von Kos, der Große Hafen nach Süden in den Dorischen Golf. In der Stadt selbst waren die Straße regelmäßig angelegt; Agora, Tempel und Gymnasion waren wohl ebenfalls vorhanden. In der Hangmitte oberhalb der Hauptstraße befindet sich das Große Theater, darüber die Akropolis, von der eine heute noch nahezu unversehrte Stadtmauer zum Kriegshafen führt. Der Blick von den Ruinen über das Meere und die Inseln ist atemberaubend.

Wußten Sie schon ?

Mit Knidos sind auch berühmte Namen der Antike aus Wissenschaft und Kunst verbunden: Eudoxos von Knidos, Mathematiker und Astronom, Sostratos, Erbauer des Leuchtturms von Pharos (Sieben Weltwunder ➤ 61) und der Bildhauer Praxiteles, der die Knidische Aphrodite schuf, die nur in Kopien überliefert ist.

KÖYCEĞIZ

30C2
50 km östlich der Straße Muğla–Marmaris
Restaurants ($–$$)
Dolmuş oder Minibus ab Marmaris und Muğla
Hauptplatz (0252) 262 4703 Mo–Fr 8.30–12.30 Uhr
Dalyan ➤ 65
Kaunos ➤ 75

Die friedlich am Köyceğiz-See im Landesinneren gelegene Stadt weist nicht die massive Kommerzialisierung der Küstenorte auf und verströmt so einen bescheidenen Charme, der viele Besucher bezaubert. Hauptattraktion ist der See. Regelmäßige Bootsausflüge führen zum gegenüberliegenden Ufer, wo man im heilkräftigen Schlamm der Sultaniye Kaplıcaları baden kann. Diese Thermalquellen sind reich an Kalzium, Kalium und Schwefel, weniger überlaufen als die Quellen in Ilıca und zudem interessanter gelegen. Die Boote fahren aber auch über den See nach Daylan und Kaunos; Einzelheiten erfahren Sie in der Touristeninformation am Hauptplatz.

LABRANDA ✪✪

Auch wenn der antike heilige Bezirk des karischen Zeus in Labranda selbst mit dem eigenen Auto nur schwer zu erreichen ist, so lohnen sich dennoch alle Mühen. Ein paar Kilometer außerhalb von Milas trifft man auf der rechten Seite an der Hauptstraße nach Norden Richtung Selçuk auf die beschilderte Abzweigung zu dieser 14 km entfernten Stätte. Nach 6 km endet die Teerstraße beim Dorf Karigeak. Von einer Weiterfahrt ist im Winter abzuraten. Am interessantesten sind die beiden Bauwerke, in denen fromme Glaubensanhänger kultische Feste abhielten, sowie ein eindrucksvoller Grabbau aus dem 4. Jahrhundert v.Chr. Die einsame Lage und die durch den hochgelegenen Standort bedingte überwältigende Aussicht macht diese nur wenig besuchte antike Stätte zu einer der eindrucksvollsten an der türkischen Ägäis.

30B2
17 km nördlich von Milas
8–20 Uhr
Auto oder Taxi ab Milas
nein
preiswert
Euromos ➤ 68
Iasos ➤ 73
Milas ➤ 83

LETOON ✪

Letoon war einst ein wichtiges lykisches Heiligtum. Die Überreste der drei aus dem 3. Jahrhundert v.Chr. stammenden Leto, Artemis und Apollo geweihten Tempel zeugen von seiner Bedeutung. Leto, die Tochter der Titanen Koios und Phoibe, paarte sich mit Zeus und empfing die göttlichen Zwillinge Artemis und Apollon. Artemis wurde auf Ortygia geboren, doch die eifersüchtige Hera, Gattin und Schwester des Zeus, hinderte Eileithyia, die Göttin der Wehen, daran, Leto bei der Geburt des Apollon zu helfen, es sei denn, die Geburt fände auf der ägäischen Insel Delos statt. Delos wurde so zu einem der Zentren der Verehrung des Apollon.

30C1
Kumluova, 6 km südwestlich von Xanthos
8.30–17 Uhr
Dolmuş oder Minibus von Fethiye nach Kumluova
nein
preiswert
Xanthos ➤ 26 und 90
Kalkan ➤ 75
Pinara ➤ 85
Tlos ➤ 88

Letoön war das wichtigste religiöse Zentrum im antiken Lykien

LYKISCHE FELSENGRÄBER, FETHIYE ➤ 25

Von Marmaris nach Pamukkale

Verlassen Sie Marmaris (► 80f) nach Norden und folgen Sie den Schildern in Richtung Muğla.

Nach etwa 12 km, jenseits der rechten Abzweigung nach Fethiye, führt die Straße über einen Bergpaß nach Muğla, der eine wunderbare Aussicht über den Golf von Gökova bietet.

An der Ringstraße in Muğla (► 83) folgen Sie der Beschilderung nach Denizli.

Die Straße (330) nach Denizli führt über 100 km durch eine landschaftlich schöne Strecke. Hinreißend sind die wechselnden Farben der Landschaft, wenn sich die Straße zum Dorf Kale hin windet.

Länge
150 km (ohne Aphrodisias)

Dauer
4–5 Stunden

Start
Marmaris
30B2

Ziel
Pamukkale
30C3

Mittagessen
Pammukale, Motel Koru ► 70

Die Straße führt weiter nach Tavas. Biegen Sie links ab, wenn Sie einen Abstecher (60 km hin und zurück) nach Aphrodisias (► 16, 34) unternehmen wollen. Folgen Sie in Denizli der Straße Afyon/Ankara, und nehmen Sie nach etwa 8 km am Schild nach Pamukkale die Abzweigung nach links.

Bald nach der Abbiegung, kurz vor dem Dorf Korucuk, ist links die ausgeschilderte Abzweigung nach Laodikeia (► 49). Sparen Sie sich die Besichtigung für später auf und fahren Sie weiter nach Pamukkale (► 22f), wo Sie gut essen und danach Hierapolis (► 20) besichtigen können.

Abends kann man noch die kurze Fahrt hinunter nach Laodikeia unternehmen. Biegen Sie von der Hauptstraße in Richtung Ankara links ab, bis Sie nach knapp 2 km eine zerfallene alte Karawanserei auf der linken Straßenseite erreichen.

Links: *Trubel am Strand*
Oben: *Zeit zur Besinnung in klassischer Umgebung*

Anlegeplätze sind im Hafen von Marmaris äußerst gefragt

MARMARIS ✪✪

Das von Pinienwäldern und Oleandersträuchern gesäumte Marmaris mit seiner 8 km langen Bucht liegt an dem Küstenabschnitt, wo die Ägäis und das Mittelmeer aufeinandertreffen. Zwei Inseln liegen in der Bucht, die Keçi Adası (Ziegeninsel) und die größere Cennet Adası (Paradiesinsel), durch einen Damm mit dem Festland verbunden. Die Festung wurde ursprünglich von den Ioniern erbaut, die hier bereits um 3000 v. Chr. siedelten. Im 4. Jahrhundert v. Chr. ließ Alexander der Große das Kastell erneuern und Süleiman der Prächtige nach der Eroberung von Rhodos 1522 n. Chr. erweitern.

Marmaris bietet gute Adressen für den Teppichkauf

Neben Kuşadası und Bodrum zählt Marmaris zu den drei großen Touristenzentren; sie sind voll und ganz auf die Bedürfnisse der Urlauber eingerichtet. Viele junge Leute feiern hier ihren Urlaub, und wie in Kuşadası wird eine der Straßen »Barstraße« genannt. Familien kommen wegen der günstigen Pauschalangebote, die häufig freie Unterkunft für Kinder beinhalten, hierher, und viele Hotels haben Kinderbecken und Spielplätze. Marmaris kann zudem mit einer sehr modernen Marina mit einer gut betuchten Klientel aufwarten, weshalb die Restaurants der Stadt eher teuer sind. Für viele ist das benachbarte und ruhigere Içmeler, heute praktisch eine Vorstadt, ein idealer Urlaubsort, von dem aus man bequem in Marmaris einkaufen und Ausflüge in die Umgebung unternehmen kann. Beiden Städten fehlt die Welt-

läufigkeit von Bodrum, doch auch hier bietet ein Bummel an der Uferpromenade seine Reize. In der Ferne sieht man Inseln und kleinere Buchten, unzählige bunt bemalte Boote schaukeln an der Vertäuung, und glitzernde Lichterketten erhellen die Szene. Restaurants, Bars und Cafés in der Fußgängerzone laden zu einer Rast unter Palmen ein. Die Statue von Atatürk nahe dem Ufer ist der Mittelpunkt des Stadtzentrums. Sie teilt die zwei zum Hafen führenden Hauptstraßen, Atatürk Caddesi im Westen und Kordon Caddesi im Osten; die bis zur Statue führende Hauptstraße aus dem Landesinneren heißt Ulusal Egemenlik Bulvarı. Die meisten touristisch interessanten Plätze befinden sich östlich der Statue. Die Kordon Caddesi führt zur Touristeninformation und zur Post, zu den Banken und Geschäften. Hinter der Touristeninformation befindet sich ein kleines, unauffälliges Museum; viele Besucher stöbern jedoch lieber in den Geschäften oder unternehmen Tagesausflüge zu den nahe gelegenen Inseln Rhodos, Kaunos oder Knidos sowie zu zahlreichen anderen Ausflugszielen.

30B2

170 km westlich von Fethiye, 165 km östlich von Bodrum

Restaurants ($–$$$)

Busse von Bodrum, Fethiye, İzmir, Pamukkale

Iskele Meydanc

(0252) 412 1035

Sommer 8–19.30 Uhr; Winter Mo–Fr 8–12, 13–17 Uhr

Içmeler ➤ 74
Turunç ➤ 89
Bozburun ➤ 64
Datça ➤ 65
Rhodos ➤ 82

Museum

8–12, 13–17 Uhr

preiswert

Bienenstöcke werden in Gruppen auf flachen Steinen aufgestellt

Wußten Sie schon?

In den flach auf dem Boden befestigten, blauen und weißen Bienenstöcken in der Umgebung von Marmaris (➤ 63) wird eine der besten Honigarten der Türkei produziert. Achten Sie darauf, daß Sie die dunkle Sorte çam balı *mit ihrem charakteristischen Duft aus dem Nektar der Pinien erhalten.*

Rhodos (Ródos)

Entfernung
Ca. 80 km hin und zurück

Dauer
Die Überfahrt dauert 45 Min. Rechnen Sie mit einem ganzen Tag für die Erkundung der Stadt

Start/Ziel
Hafen von Marmaris
30B2

Mittagessen
zahlreiche Restaurants ($–$$)

Fremdenverkehrsamt der Stadt Rhodos (0241) 35945 tägl. 8.30–21 Uhr

Mit einer Tagesrückfahrkarte müssen keine Steuern gezahlt werden. Nehmen Sie Ihren Ausweis mit und achten Sie auf die Abfahrtszeit der letzten Überfahrt.

Besteigen Sie im Hafen von Marmaris das Tragflächenboot; Fahrkarten können im voraus bei den Reiseagenturen in der Kordon Caddesi gekauft werden.

Die 45 Minuten lange Überfahrt bringt Sie zum Mandraki-Hafen im moderneren Teil von Rhodos-Stadt, der Hauptstadt der beliebten griechischen Insel. Der Koloß von Rhodos, in der Antike eines der Sieben Weltwunder, soll angeblich über dem Eingang dieses Hafens gestanden haben.

Gehen Sie nach der Überfahrt zur Touristeninformation in Plateía Riminí, gleich nördlich des mittelalterlichen Teils der Stadt.

Von hier aus können Sie die Altstadt erkunden, die zum großen Teil von den Rittern des Johanniterordens erbaut wurde. Diese besetzten die Insel nach ihrem Machtverlust in Jerusalem von 1306 bis 1522; in jenem Jahr unterlagen sie nach einer 177 Tage dauernden Belagerung der Armee von Süleiman dem Prächtigen. Sowohl die mittelalterliche Stadtmauer als auch der Großmeisterpalast und das Archäologische Museum lohnen einen Besuch. Zudem gibt es zahlreiche faszinierende Moscheen, alte Gassen und unzählige Einkaufsmöglichkeiten zu entdecken.

Nachdem Sie sich in der Stadt umgesehen haben, kehren Sie zum Hafen zurück und fahren mit dem Tragflächenboot wieder nach Marmaris.

Im mittelalterlichen Teil von Rhodos gibt es viele ruhige Gassen

MILAS

Die von der Landwirtschaft geprägte Stadt steht an der Stelle der antiken karischen Metropole Mylasa. Lohnenswert ist ein Spaziergang auf der Kadıağa Caddesi bzw. Gümüşkesen Caddesi, auf der man zu einem römischen Grabbau gelangt. Dieses Gümüşkesen genannte Bauwerk liegt etwa einen Kilometer westlich des Stadtzentrums. Möglicherweise ist es eine kleinere Kopie des Mausoleums von Halikarnassos (Bodrum, ➤ 61). Besichtigen Sie auch die schöne, aus dem 14. Jahrhundert stammende Moschee Ulu Camıı am Anfang der Kadıağa Caddesi, an der östlichen Seite der Stadt nahe dem Kanal. Wenn Sie von hier aus der Straße nach Norden folgen, erblicken Sie nach etwa 250 m das Baltalı Kapı. In dieses als Tor mit der Axt bekannte, gut erhaltene römische Stadttor ist auf der Nordseite das Relief einer Doppelaxt eingemeißelt.

30B2
45 km nordöstlich von Bodrum
Restaurants ($)
Busse ab Marmaris und Kuşadası
Euromos ➤ 68
Iasos ➤ 73
Labranda ➤ 77

MUĞLA

Besorgen Sie sich zuerst in der Touristeninformation einen Stadtplan, denn die Atmosphäre sollte man am besten bei einem entspannten Bummel auf sich einwirken lassen. Für Besucher ist besonders das alte osmanische Viertel mit seinen verwinkelten Gassen und malerischen Gebäuden interessant. Von der Touristeninformation bei der Atatürk-Statue am zentralen Kreisverkehr aus folgen Sie der Kurşunlu Caddesi Richtung Norden. Hier können Sie sich ein wenig im Yağcıar Hanı, einem modernen Einkaufszentrum in einer umgebauten Karawanserei, umsehen. Die Straße führt weiter Richtung Norden bis zum Basar und weiter den Berg hinauf in ein Viertel mit malerischen, gut erhaltenen Bauten in osmanischem Stil.

30C2
73 km nördlich von Marmaris
Restaurants ($) im Zentrum
Dolmuş oder Minibus nach Bodrum, Denizli, İzmir, Marmaris
Bei der Atatürk-Statue
(0252) 214 3127
Sommer und Winter Mo–Fr 8–12, 13–17 Uhr

ÖLÜDENIZ ➤ 21

Eines der zahlreichen wunderschönen osmanischen Gebäude in Muğla

30B2
55 km südlich von Milas
Restaurants ($) nahe dem Strand
gelegentlich *Dolmuş* oder Minibus ab Milas

Byzantinische Festung
8 Uhr–Dämmerung
preiswert

ÖREN

An Ören kann man leicht vorbeifahren – wenn Sie also von Milas aus etwa 3 km nach Süden fahren, biegen Sie an der folgenden großen Kreuzung nicht rechts in Richtung Bodrum, sondern links in Richtung Muğla ab. Gleich darauf folgt auf der rechten Seite die Abzweigung nach Ören. In dem hübschen Küstendorf mit seinem schönen Kiesstrand und den Überresten der antiken Stadt Ceramus machen zumeist türkische Familien Urlaub. Öffentliche Transportmittel verkehren hier nur unregelmäßig, ein eigenes Auto ist also von Vorteil. An der byzantinischen Festung kann man hervorragend picknicken.

30B2
10 km westlich von Bodrum
Restaurants ($–$$)
Dolmuş oder Minibus nach Bodrum
Bodrum ➤ 58ff
Gümüşlük ➤ 73
Turgutreis ➤ 89

ORTAKENT

Der sandige, zu den besseren Stränden auf der Halbinsel von Bodrum zählende Strand von Ortakent erstreckt sich über 2 km. Da die Straße für den Verkehr gesperrt ist, ist er auch für Kinder sicher. Hier kann man Sonne, Sand und Meer genießen, verschiedene Wassersportarten betreiben und vor allem surfen. Ortakent erfreut sich bei britischen Ferienreisenden großer Beliebtheit.

30C1
7 km südlich von Xanthos
Sommer 7.30–19 Uhr; Winter 8.30–17 Uhr (antike Stätte)
Restaurants ($) am Strand
Dolmuş oder Minibus nach Fethiye und Kalkan
nein (Stätte)
preiswert
Xanthos ➤ 26 und 90
Letoon ➤ 77

PATARA

Hauptattraktion von Patara ist der sehr breite, strahlend helle Sandstrand. Zugleich Schutzgebiet für Vögel und Schildkröten, ist er ab Sonnenuntergang gesperrt. Beim Schwimmen sollte man aufmerksam auf die starken Strömungen achten. Die Ruinen des antiken Patara, der einstigen Versorgungsbasis für die Römer, sind einen Kilometer entfernt. Der ehemalige Hafen und seine Gebäude sind heute von Sand umgeben. Ein einzigartiger Anblick ist zweifellos das mit Flugsand gefüllte Theater.

Patara hat einen der schönsten Strände der Türkei

PINARA ✪

Die schöne Fahrt zu dem nicht ganz einfach zu erreichenden Ort erweckt die Illusion, selbst Entdecker des antiken Pinara zu sein. Über den Ort ist nur wenig bekannt, nur, daß sich hier eine wichtige lykische Stadt mit einer eigenen Münzprägung befand. Am meisten beeindrucken die Grabstätten, die in die riesigen Felsen eingehauen sind; sie sind lediglich für erfahrene Kletterer erreichbar. Zu ebener Erde sind weitere Gräber zu sehen; besonders hervorzuheben ist dabei das monolithische sogenannte Königsgrab mit seinen schönen Reliefs, auf denen Menschen und ummauerte Siedlungen dargestellt sind. Von den anderen Ruinen hat das Theater am besten die Zeit überstanden. Wer mit dem Bus kommt, muß die letzten 5 km von der Abzweigung Pinara zu Fuß gehen.

30C1
46 km südöstlich von Fethiye
ganztägig
Snacks ($) 2 km
Dolmuş oder Minibus von Fethiye nach Pinara
nein preiswert
Tlos ➤ 88
Sidyma ➤ 88
Xanthos ➤ 26 und 90

Oben: *Sarkophag im antiken Pinara*

SIDEYRI ADASI (ZEDERNINSEL) ✪

Der Überlieferung zufolge ließ Marcus Antonius als Geschenk für die ägyptische Königin den gesamten Sand für den schönen Strand aus Nordafrika herschaffen. Der Strand ist Hauptattraktion für die vielen Besucher, die bei einem Tagesausflug von Marmaris und Bodrum aus hierher kommen. Bei Ausflügen von Marmaris aus wird man zudem über Land zum Boot bei Çamli İskelesi gebracht. Der Name der Insel stammt von der antiken Stadt Cedrae, die von den Spartanern im 5. Jahrhundert v.Chr. geplündert wurde und bis zu den arabischen Invasionen im 7. Jahrhundert n.Chr. ihre griechische Kultur beibehielt.

30B2
Golf von Gökova
Boote von Taşbükü und Çamli İskelesı
nein
Golf von Gökova ➤ 72

Speisen und Getränke

Die türkische Küche war über Jahrhunderte hinweg verschiedensten kulinarischen Einflüssen ausgesetzt. Typisch ist die Zubereitungsart, die den natürlichen Geschmack der frischen Zutaten erhalten soll. Kaum etwas wird importiert; Fleisch, Obst und Gemüse, Honig und Marmelade bringt das Land selbst hervor.

Oben: *Wassermelonen löschen Durst auf natürliche Weise*

Rechts: *Die in den Restaurants servierten einheimischen Gerichte schmecken köstlich*

Brot – immer und überall

Das allgegenwärtige Weißbrot wird zum Frühstück, Mittag- und Abendessen gereicht. Wohlschmeckendes dunkles Brot ist in den Küstenorten nur schwer zu bekommen, man muß in den Bäckereien regelrecht danach suchen.

Mahlzeiten

Das Frühstück besteht zumeist aus Brot, Honig, Schafkäse und Oliven, dazu trinkt man Tee. Je nach Hotelkategorie wird dem gehaltvolleren amerikanischen oder englischen Frühstück in Form von Getreideflocken, Eiern und Schinken Rechnung getragen. Auch das Mittagessen ist eher leicht, Hauptmahlzeit ist das Abendessen. Die traditionellen warmen und kalten Vorspeisen *(meze)* sind köstliche kleine Gerichte aus verschiedensten Zutaten, z.B. pürierte Auberginen *(patlıcan salatasi)*, gefüllte Weinblätter *(zeytinagli yaprak dolmasi)* und fein gerolltes Käsegebäck *(sigara böreği)*. Die Hauptgerichte basieren in der Regel auf Lamm- oder

Rindfleisch, beliebt ist aber auch gekochtes *(tavuk)* und gegrilltes Huhn *(pilav)*. In den Restaurants bietet man normalerweise auch frischen Fisch und Meeresfrüchte an, so etwa Steinbutt, Brasse, Seebarsch, Muscheln und Krabben. In der Türkei liebt man köstliche süße Nachspeisen, z.B. *baklava* (Blätterteig mit Sirup und Nüssen), süße Cremespeisen und Milchreis.

Oben: *Äußerst beliebt sind süße Backwaren*

Restaurants

Man unterscheidet zwischen zwei Arten von Restaurants, dem einfacheren *lokanta* und dem etwas gehobeneren *restoran*. Im *lokanta* serviert man vorgekochte Speisen, die in stählernen Wannen für den Besucher sichtbar vor sich hin köcheln. Die einfachen, sättigenden Gerichte bestehen meist aus Eintöpfen, gefüllten Paprikaschoten, Bohnen und Reis. Im *restoran* serviert man verschiedene Gänge (*meze*, Suppe, Fleischgerichte und Nachspeisen) und im Gegensatz zu den meisten *lokanta* auch Bier und Wein. Die Spezialitätenrestaurants sind an ihren Namen zu erkennen, im *pide salonu* oder in der *pideci* beispielsweise serviert man Pittabrot mit Füllungen, in der *köftesi* Hackfleischbällchen.

Getränke

Tee *(çay)* wird den ganzen Tag über getrunken. Man reicht ihn in kleinen, goldumrandeten Gläsern und ohne Milch. Apfeltee *(elma çay)* ist besonders bei Teppichhändlern beliebt, die ihre potentiellen Kunden damit im Laden willkommen heißen. Türkischer Mokka wird weit seltener getrunken, als man annehmen möchte. Man trinkt ihn in verschiedenen Süßegraden *(sade* bedeutet ohne Zucker, *az* und *orta* mittelsüß und *çok* sehr süß). Das alkoholische Nationalgetränk ist *raki* (► 98), türkischer Wein ist weithin in Geschäften und Lizenz-Restaurants erhältlich. Und obwohl sich die Türken mit Wein nicht so recht anfreunden können, gibt es eine große Auswahl. Das einheimische Bier *(bira)* bekommt man überall, und die Marke Efes ist verdientermaßen bei Türken und Touristen beliebt. Die im Inland produzierten Gin- *(cin)*, Wodka- *(vokta)* und Cognac-Sorten *(kanyak)* sind preiswerter als importierte Spirituosen. Sie schmecken jedoch deutlich anders als gewohnt und werden am besten für Cocktails verwendet.

Von Zeit zu Zeit kommt man um ein Glas türkischen Tee nicht herum

30C1
Südlich von Fethiye
nein
frei
Pinara ➤ 85
Tlos ➤ 88
Letoon ➤ 77

30C1
48 km nördlich von Xanthos im Dorf Kale Asar
ganztägig
keiner
nein
preiswert
Pinara ➤ 85
Letoon ➤ 77

Oben: Bei den *Ruinen von Tlos*

SIDYMA ✪

Zu dieser lykischen Stätte finden nur wenige Besucher, denn sie ist mit öffentlichen Verkehrsmitteln nicht zu erreichen. Die meisten Überreste stammen aus römischer Zeit; aber auch einige lykische Felsgräber, ein Pfeilergrab ohne Grabkammer und eine Reihe interessanter Sarkophage kann man besichtigen. Die Anlage ist immer geöffnet.

TLOS ✪✪

In der Antike zählte Tlos zu den bedeutenden lykischen Städten, im 19. Jahrhundert diente es dem Piraten Kanli Ali Ağa als Winterquartier. Die Ruinen geben Zeugnis von der Geschichte: Die Reste der Piratenfestung überragen von der Spitze der Akropolis aus die antike Anlage. Zu den lykischen Überresten zählt zudem eine Nekropole. Fragen Sie beim Aufseher nach dem am besten erhaltenen Grabbau, der mit einer ionischen Tempelfassade und einem Relief, das Bellerophon auf dem geflügelten Pferd Pegasus zeigt, geschmückt ist. Das Theater ist ebenfalls in gutem Zustand; von den anderen verstreuten Ruinen sind die Thermen am interessantesten.

TURGUTREIS

Turgutreis, der Hauptferienort am Westsaum der Halbinsel Bodrum, ist ganz auf Tourismus eingestellt. Hier gibt es unzählige Hotels, gut über 100 Restaurants und viele Bars und Nachtklubs – man kann sich also mindestens eine Woche lang hervorragend amüsieren. Der mit Sonnenschirmen übersäte, grobe Sandstrand eignet sich wegen seines breiten Flachwasserbereichs gut für kleine Kinder.

30B2
20 km westl. von Bodrum
Restaurants ($–$$)
Dolmuş oder Minibus ab Bodrum
Bodrum ➤ 58ff
Gümüşlük ➤ 73
Yalıkavak ➤ 90

TURUNÇ

In Turunç konnte man früher vor den Menschenmassen in Marmaris fliehen, und in Reisebroschüren wird dieser moderne Ferienort immer noch gerne als Versteck gehandelt. Das entspricht jedoch nicht ganz der Wirklichkeit. Zentrum aller Aktivitäten ist der 500 m lange, grobe Sandstrand, wunderschön vor Klippen und Pinien gelegen. Hier kann man sicher schwimmen, und ständig warten Wassertaxis an den Anlegestellen darauf, die Urlauber zu den Buchten an der Küste zu bringen.

30B2
10 km südlich von Marmaris
Restaurants ($–$$)
Dolmuş oder Minibus, Wasser-*dolmuş* von Marmaris
İçmeler ➤ 80
Bozburun ➤ 64
Datça ➤ 65
Marmaris ➤ 80f
Rhodos ➤ 82

Wußten Sie schon?

Von Yann Arthus-Bertrand, einem der besten Luftbildfotografen der Welt, liegt ein Bildband vor, der einige der hier besprochenen Orte aus atemberaubender Sicht zeigt (»Türkei – Ein Porträt in Luftbildern«).

*Turunç erreicht man von Marmaris aus leicht mit dem Minibus oder Wasser-*dolmuş

30C1
Nördlich von Kınık, 63 km von Fethiye
Nov.–April 7.30–19 Uhr, Mai–Okt 8–17.30 Uhr
Café ($)
Dolmuş oder Minibus ab Fethiye oder Kalkan
nein
preiswert
Letoon ➤ 77
Kalkan ➤ 75
Pinara ➤ 85
Tlos ➤ 88
Sidyma ➤ 88

XANTHOS ✪✪✪

Von dem an der Hauptstraße von Fethiye nach Kalkan gelegenen modernen Dorf Kınık gelangt man zu Fuß in fünf Minuten zur antiken lykischen Metropole Xanthos. Die Akropolis erhebt sich über den Eşen Çayı, dem alten Hauptfluß Lykiens. Obwohl Mitte des 19. Jahrhunderts wichtige Kunstwerke ins Britische Museum nach London verfrachtet wurden, lohnt sich ein Besuch dieser archäologischen Stätte. Mehrmals wurde Xanthos neu aufgebaut, zum einen nach der persischen Eroberung 540 v. Chr. und zum anderen nach der Belagerung durch Brutus im Jahre 42 v. Chr.: Statt Xanthos aufzugeben, begingen die Bewohner Selbstmord, indem sie ihre Stadt in Brand steckten. Dennoch sind lykische Baudenkmäler erhalten geblieben, darunter ein Pfeilergrab (der »Obelisk«) mit der längsten bekannten lykischen Inschrift und das Harpyiengrab (➤ 26); Theater und Agora sind römische Anlagen.

30B2
18 km westlich von Bodrum
Restaurants ($–$$)
Dolmuş oder Minibus ab Marmaris
Bodrum ➤ 58ff
Gümüşlük ➤ 73
Ortakent ➤ 84

YALIKAVAK ✪

Das abseits an der nördlichen Küste gelegene Yalıkavak zählt zu den am wenigsten erschlossenen Ferienorten auf der Halbinsel von Bodrum. Mitten in der gepflasterten Fußgängerzone der hübsch gepflegten, kleinen Stadt steht eine 300 Jahre alte restaurierte Windmühle. Da der Kiesstrand von vielen anderen Stränden auf der Halbinsel übertroffen wird, tummeln sich hier keine Menschenmassen; wer hier seinen Urlaub verbringt, sollte ein Hotel mit Pool buchen. Yalıkavak eignet sich ideal für Urlauber, die zwar die Annehmlichkeiten größerer Ferienorte, jedoch nicht das Nachtleben genießen wollen.

An der alten Windmühle in Yalıkavak

Erleben und genießen

Oben: *Besen zu verkaufen im Basar von İzmir*
Rechts: *Bauchtanz, wie hier in Çeşme, wird in vielen Ferienorten dargeboten*

Nördliche Ägäis

Preise
Durchschnittliche Preise für ein Drei-Gänge-Menü pro Person ohne Getränke und Trinkgeld:
$= unter 2 Millionen Lira
$$ = 2–4 Millionen Lira
$$$ = über 4 Millionen Lira

Ayvalık

Öz Canlibalik ($$–$$$)
Unter den zahlreichen guten Fischrestaurants in Ayvalık zählt dieses nahe am Ufer zu den besten. Zum Angebot gehört jede Art von frischem Fisch. Fragen Sie nach *kidonia* und *ayvada*, zwei Muschelarten, die auf den Speisekarten der Restaurants des östlichen Mittelmeers nur selten erscheinen. Empfehlenswert auch die *meze*.
Gazinolar Caddesi mittags und abends *Dolmuş* oder Minibus ab Çanakkale, Assos, Bergama, İzmir

Bergama

Sağlam ($–$$)
Im Stadtzentrum nicht weit von der Touristeninformation an der Hauptstraße gelegen. Mittags werden warme Standardgerichte aus den Wärmebehältern serviert; fragen Sie nach den lokalen Gerichten aus Urfa. In einem kleinen Hinterhof kann man im Freien essen, weitere Räumlichkeiten im ersten Stock.
Cumhuriyet Meydanı 29
(0232) 632 8897
8–20 Uhr

Çanakkale

Aussie & Kiwi ($)
Es ist vor allem sein Name, der besonders Australier und Neuseeländer in das Lokal beim Militärgeschichtlichen Museum am Stadtrand lockt. Als Hauptgerichte empfehlen sich die Fischmahlzeiten. Im Gästebuch sind Kommentare über das Essen, die Türkei und das Leben im allgemeinen zu lesen.
Yali Caddesi 32 (0286) 212 1722 8–14 Uhr

Karakas ($–$$)
Angenehmes, sauberes Restaurant mit großer Fisch- und Fleischkarte, beliebt sowohl bei Einheimischen als auch bei Touristen. Alkoholausschank.
Yali Caddesi (0286) 217 6140 8.30–23 Uhr

Trakya ($)
Restaurant mit zwei Terrassen auf jeder Seite eines Platzes an der Hauptanlegestelle für die Dardanellen-Fähren. In diesem *lokanta* (► 87) deutet man beim Bestellen einfach auf die gewünschten Speisen. Die köstlichen, preiswerten Gerichte werden mit Bergen von Brot serviert.
Demircioğlu Caddesi
(0286) 217 7257
8–21 Uhr

Çeşme

Chefs Palace ($$)
Das nachts hell erleuchtete, im Stadtzentrum in Meernähe gelegene Restaurant ist leicht zu finden. Spezialität ist die Mittelmeerküche, angeboten werden zudem türkische und vegetarische Gerichte.
Sakarya Mh. Memis Sk. 10
(0232)-7128150
8.30–22.30 Uhr

Dost Pide & Pizza ($–$$)
Die Tische dieses hellen, fröhlichen Touristenrestaurants im 4 km westlich von Çeşme gelegenen Ilica drängeln sich dicht auf dem Pflaster. Außer Pizza gibt es hier verschiedene schmackhafte Fleischgerichte.
İifne Caddesi, Ilica
(0232) 723 2059
8 Uhr– bis spätabends
***Dolmuş* nach Çeşme**

Sahíl ($–$$)
Typisches Uferrestaurant in Çeşme mit Innen- und Außenräumlichkeiten, türkischen und europäischen Gerichten wie etwa Kebab oder Pizza. Das 1954 eröffnete Sahíl ist eines der ältesten Touristenrestaurants.
Cumhuriyet Meydanı 13
(0232) 712 8294
8–23 Uhr

İzmir

Café Cine ($)
Modernes Café mit grünen Tischen. Die Speisen werden auf einer Tafel angeschrieben. Zu den Standardgerichten zählen Spaghetti bolognese und Maccaroni mit Käsesauce. Leicht zu finden, die Straße ist gleich hinter dem Hilton Hotel, und nebenan ist ein Kino.
1379 Sokak 57/B (0232) 446 0637 9–21.30 Uhr 62, 68, 77

Chinese Restaurant ($$)
Das in einer Straße hinter dem Hilton gelegene Restaurant mit Alkoholausschank bietet eine große Auswahl an Rind-, Hühner-, Enten-, Meeresfrüchte-, Reis- und Nudelgerichten. Spezialitäten sind u.a. warmer Krautsalat, Lamm mit Lauchzwiebeln sowie Huhn mit Orangensauce. Auch Take-away möglich.
1379 Sokak (0232) 483 0079 mittags u. abends 62, 68, 77

Collanade ($$$)
Exzellente Mittelmeerküche und der Komfort des Hilton Hotels, abendliche Buffets und Mittagessen á la carte. Bisweilen werden an Spezialitätenabenden nur spezifische – z.B. chinesische oder türkische – Gerichte bereitet, weshalb man sich vorher erkundigen sollte.
Hilton Hotel, Gazi Paça Pasa Bulvarı (0232) 441 6060 12–23 Uhr 61–63, 116, 110, 112, 150

Deniz ($$–$$$)
Das auf Fischgerichte spezialisierte Deniz gilt als das beste Fischrestaurant der Stadt. Wer draußen essen möchte, muß wahrscheinlich vorher einen Tisch reservieren. Unter der Woche beliebt bei Geschäftsleuten, gemischtes Publikum am Wochenende.
Atatürk Caddesi 188-B (0232) 422 0601 mittags und abends

Fast Fish ($)
Modernes Fast food in Kunststoffschachteln, keine Fleischgerichte, aber verschiedene Fischburger sowie Tintenfisch, Fischbällchen, Fischsuppe und Meeresfrüchtesalate. Preiswertes und schnelles Mittagessen.
1379 Sokak (0232) 445 3795/2059 9–21.30 Uhr 62, 68, 77

Seçkin ($)
Im Stadtzentrum gelegen. Große Auswahl an türkischen Pizzen, Grillgerichten und Gebäck. Im ersten Stock verschaffen einige Computer Zugang zu E-Mail und Internet. Man zahlt pro halber Stunde.
M Kemalettin Caddesi 16/A, Konak (0232) 489 2404 8 Uhr– bis spätabends mehrere

Vejetaryen ($)
Zwar gibt es in diesem kleinen, einfachen, abseits hinter dem Hilton Hotel gelege-

Türkische (vegetarische) Köstlichkeit
Im Buğay Restaurant in Bodrum sollten Sie ein leichtes Mittagessen aus Salat und ausgezeichneten braunen türkischen Bauernbrotsorten zu sich nehmen, oder das Frühstück aus Weizen mit *gomassio* (geröstete und zermahlene Sesamsamen), Oregano und Oliven. Einige der Zutaten kann man auch kaufen.

Tex-Mex in der Türkei
Erstaunlicherweise findet man in Bodrum gute Tex-Mex-Küche. Wenn Sie eine Alternative zu den immer gleichen Touristengerichten suchen, sollten Sie im Picante Nachos und Tacos als Vorspeise und exzellente Tapas (Auberginen und Parmesanscheiben, in Artischocken gebackene Shrimps mit Béchamelsauce) genießen, aber auch die Maistortillasuppe. Fajitas gibt es mit Fisch, Fleisch und vegetarisch.

nen Lokal auch Hühnchen, dennoch entspricht es unter den Lokalen in İzmir einem vegetarischen Restaurant am ehesten. Einfache Spinat- und Bohnengerichte, vegetarische Kebabs und ausgezeichnetes Feigendessert.
1375 Sokak 11 (0232) 421 7558 8–20 Uhr 62, 68, 77

Kuşadası

Bolu Mengen 11 ($)
Für Kuşadası typisches Restaurant, mit dem Unterschied, daß es im Gegensatz zu den weiter oben in der zentralen Fußgängerzone gelegenen Lokalen rund um die Uhr geöffnet hat. Man ißt an den Innen- und Außentischen entweder Gegrilltes und Salate oder türkische Gerichte im Stil der *lokanta* (► 87).
Sağlık Caddesi 56 (0256) 612 4114 24 Stunden

Club Cappello ($$)
Ansprechendes Dekor mit ausgewählten Kunstgegenständen, die von der Decke hängen. Offenes Holzfeuer für kühle Abende in der Nebensaison und Außentische für Sommernächte. Kleine Speisekarte mit Fisch zu Marktpreisen und Weinliste. Nahe dem Korumar Hotel neben der Straße nach Selçuk.
Akyar Mevki (0256) 614 4043 8.30–spätabends *Dolmuş* oder Minibus nach Korumar

Doga ($)
Rustikales Interieur und ansprechendes, plastikfreies Mobiliar tragen zu der angenehmen Atmosphäre dieses beliebten Cafés bei. Die türkisch-englische Speisekarte (gleiche Preise) konzentriert sich auf leichte Mahlzeiten: Frühstück, Pizzen, Omeletts, Sandwiches. Große Auswahl an Tee.
Adnan Menderes Bulvarı 1 (0256) 614 1039 8–21 Uhr

Golden Pizzeria ($)
Kleines, modernes Café mit Alkoholausschank und einer Auswahl von über 20 Pizzen sowie anderen Gerichten, so etwa englischem Frühstück und Kinderteller. Wenige Häuser weiter befindet sich auf derselben Straßenseite gegenüber dem Otel Atadan ein preiswerteres *pide*-(Pizza)-Café (kein Alkoholausschank) mit einer einzigen Spezialität: würzige *pide*, mit oder ohne Fleisch und türkischem Joghurt.
Ismet Inönö Bulvarı 19 (0256) 614 5417 8–spät

Güldüoğlu ($$–$$$)
Im Stadtzentrum nahe der »Bierstraße« liegt das elegante Restaurant mit Klimaanlage und Rosenholzmöbeln. An den Wänden moderne Kunst vom Eigentümer, die man auch kaufen kann. Gemischte Karte – Gegrilltes und Nudelgerichte – auf Englisch, Holländisch, Französisch, Deutsch und Spanisch. Einige Außentische.
1/C Zabita Amirliğ, Alti (0256) 614 8637 8–23 Uhr Kostenlose Fahrt von und zum Hotel

Holiday Inn ($)
Im Zentrum von Kuşadası gelegen, mit breitgefächertem Angebot nach dem Geschmack der internationalen Touristen: Salate, Lasagne, Kebabs, Moussaka, Chicken Kiew, Roastbeef, Steaks, Fish and Chips, Wiener

Schnitzel etc. Keinesfalls enttäuschend: die hausgemachten Kebabs.
Kahramanlar Caddesi 57/5 (0256) 612 8940 8–24 Uhr kostenloser Transport

Sultan Han ($$$)
Das bezaubernd in der Altstadt gelegene Sultan Han befindet sich in einer alten Karawanserei; bei der Renovierung wurde darauf geachtet, die traditionelle Atmosphäre zu erhalten. Die Auswahl ist ziemlich breit gefächert, dennoch sollte man hier türkisch essen. Die *meze* sind ausgezeichnet, zudem gibt es vielfältige traditionelle süße türkische Nachspeisen. Gelegentlich treten in diesem Restaurant Bauchtänzerinnen auf.
Bahar Sokak 8 (0256) 614 6380/614 3849 mittags u. abends

Selçuk

Özdamar ($)
In der am Artemisbrunnen beginnenden Fußgängerzone gibt es zahlreiche fast identische Restaurants; das Özdamar liegt in der Nähe des Brunnens. Die mehrsprachige Karte (Englisch, Holländisch, Französisch, Italienisch und Deutsch) bietet vor allem Gegrilltes, Pizzen und Salate. Außenplätze und lange Öffnungszeiten stellen einen weiteren Anreiz dar.
Cengiz Topel Caddesi 65
(0232) 891 4097
7.30–24 Uhr

Pink Bistro ($)
Hamburger, Spaghetti, Kebabs, Türkische Pizza und Salate – kein Gourmettempel, doch angenehme Lokalität, die sich spät abends in eine gutbesuchte Bar verwandelt, in der für die europäischen 20- bis 30jährigen Gäste moderne Tanzmusik vom Band läuft.
Atatürk Mh. Saigburg Sokak
(0232) 891 4015
9–4.30 Uhr

Seçkin ($$)
Gute Gerichte und unaufdringlicher Service in diesem Freiluftrestaurant in der Çengiz Topel Caddesi (Fußgängerzone).
Çengiz Topel Caddesi
(0232) 892 6698

Selçuk Köftecisi ($–$$)
Nicht abschrecken lassen von der einfachen Inneneinrichtung und der fehlenden Speisekarte! Nach Meinung der Einheimischen gibt es hier, hinter der Bank gegenüber dem Postamt, die besten *köfte* (Fleischbällchen) der Stadt. Probieren Sie die *köfte* mit Salat und Kebab, ein Glas *raki* und als Abschluß einen Pudding.
Vergi Dairesi altı 37/J
(0232) 892 6696
7–24 Uhr

Truva (Troja)

Helen ($)
Obwohl man bei einem Besuch in Troja am besten in Çanakkale (► 37) ißt, so gibt es auch einige wenige Möglichkeiten im Dorf Trevfikiye, das nicht weit vom Eingang zu Troja entfernt liegt. Zweifellos ist das Helen am besten. Das Angebot umfaßt schmackhafte türkische und internationale Gerichte.
Trevfikiye (0286) 283 1026 Frühstück, mittags u. abends *Dolmuş* oder Minibus nach Çanakkale

Frischer Fisch
Frischer Fisch aus den lokalen Gewässern zählt zu den kulinarischen Köstlichkeiten der Türkei. Der Preis variiert je nach Gewicht und Marktlage. Sardinen *(sardalya)*, Meeräsche *(kefal)* und Brasse *(sangöz)* sind in der Regel am preiswertesten, es lohnt sich jedoch, etwas mehr für Seebarsch *(levrek)* und Steinbutt *(kalkan)* auszugeben.

Südliche Ägäis

Mann und Frau
Abseits der ausgetretenen Touristenpfade werden Touristinnen in Restaurants in abgetrennten Räumlichkeiten oder so weit wie möglich von den männlichen Kunden entfernt plaziert. Es wird als Verstoß gegen die guten Sitten angesehen, wenn man gegen diese landesübliche Tradition verstößt. In Ferienorten hingegen gehört die Geschlechtertrennung in Lokalen schon lange der Vergangenheit an.

Bodrum

Ali Kaptan ($$)
Der Küchenchef dieses beim Eden Hotel gelegenen Restaurants ist nicht nur für seine traditionellen europäischen und türkischen Gerichte, sondern auch für seine besonderen Spezialitäten bekannt.
✉ Dr Mümtaz Ataman Caddesi ☎ (0252) 316 8686 ⌚ mittags u. abends

Amphora ($–$$)
In dem leicht zu findenden und gut etablierten Restaurant gegenüber der Marina kann man sowohl im Freien als auch in den Innenräumen des schönen Bauwerks tafeln. Türkische Teppiche erzeugen osmanische Atmosphäre.
✉ Neyzen Tevfik 164 ☎ (0252) 316 2368 ⌚ mittags u. abends

Buğay ($$)
Hier gibt es den ganzen Tag sehr empfehlenswerte türkische vegetarische Küche. Die Speisen werden in einem kleinen Innenhof oder im Inneren bei den Auslagen für Vollwertlebensmittel serviert. Die Tageskarte ist auf einer Tafel angeschrieben. Kosten Sie auf jeden Fall die Kräutertees oder den Orchideenwurzeltrunk.
✉ Türkuyusu Caddesi ☎ (0252) 316 2969 ⌚ Mo–Sa 8.30–23 Uhr

The Difference ($$)
Der holländische Küchenchef bringt etwas europäischen Schwung auf die Speisekarte. Schmackhaft sind die hausgemachten Suppen, empfehlenswert auch die Steaks.
✉ kleine Straße von der Atatürk Caddesi gen Meer ☎ (0252) 316 8396 ⌚ mittags und abends

The Han ($$)
Übliche Mischung aus türkischer und internationaler Küche in einem ungewöhnlichen Ambiente – das Restaurant befindet sich in einem renovierten *han*, einer osmanischen Gastwirtschaft. Zudem gibt es hier abends Live-Unterhaltung. Orientalische Tänzer heizen die Stimmung an, so daß auch Gäste (nach ausreichendem *raki*-Genuß) bisweilen bei von Trommeln und Flöten begleiteten Bauchtänzen die Hüften schwingen.
✉ Kale Sokak ☎ (0252) 316 7951/316 1615 ⌚ mittags und abends

Kocadon ($$$)
Das von antik aussehenden Steinmauern umgebene Restaurant verfügt über einen ruhigen Innenhof und einen kleinen Pool in einem Garten. Weiße Leinentischtücher, Jazz oder Klassik im Hintergrund und gute türkische Küche vervollständigen den romantischen Eindruck. Reservieren Sie oder kommen Sie früh und genießen Sie bei einem Cocktail am Pool die Atmosphäre.
✉ Neyzen Tevfik Caddesi 160 ☎ (0252) 614 63705 ⌚ 8–24 Uhr

Cavallino ($$)
Italienisches Restaurant im Günden Resort Hotel am westlichen Stadtrand (Gümbet). Das über dem Pool gelegene Restaurant bietet exzellente original italienische Küche und gute Weine.
✉ Günden Resort Hotel, Gümbet ☎ (0252) 313 4382 ⌚ mittags u. abends 🚌 *Dolmuş* oder Minibus bis Bodrum

Kardeşler ($)
Das innen mit Holz- und im Freien mit Plastiktischen aus-

gestattete Innenstadtlokal ohne Klimaanlage bietet Kebabs und Fischgerichte wie etwa Tintenfischsalat, Alkoholausschank und preiswerte Küche.
Yeni Çarşı Akbank Bitişiği 10 (0252) 614 6228
8–23 Uhr

Nur ($$)
Das Lokal bietet elegante Mittelmeer-Atmosphäre im Innenhof eines Stadthauses, eine kleine Karte und nicht zu große Portionen sowie eine gute Auswahl an Fisch- und Fleischgerichten.
Cumhuriyet Caddesi, Eski Adilye Sokak 5
(0252) 313 1065
mittags u. abends

Picante ($$–$$$)
In diesem äußerst beliebten und schicken, nicht leicht zu findenden Restaurant in einem der ruhigeren Ecken von Bodrum serviert man Tex-Mex-Küche (► 94). Nehmen Sie sich einen Abend Zeit und trinken Sie zuerst etwas an der kleinen Bar (auf der Weinkarte stehen auch importierte Weine). Auf der Rückseite finden sich Tische im Freien.
Turkkuyusu Mah. Kğlcu Sokak 8 (0252) 316 0270
8–14.30 Uhr

Sandal ($$)
Das vor über zehn Jahren gegründete, in thailändischem Besitz befindliche Sandal nimmt für sich in Anspruch, das erste und einzige original chinesisch-thailändische Restaurant der Türkei zu sein. Die Köche stammen tatsächlich aus Thailand und bereiten eine relativ große Auswahl von Gerichten zu. Man bestellt á la carte oder Mittags- und Abendmenüs zu festen Preisen. Das Restaurant liegt am Stadtrand in der Nähe der Diskothek Halikarnas.
Atatürk Caddesi 74
(0252) 316 9117 mittags und abends

Sunny's ($$)
In dem 500 m von der Disko Halikarnas entfernten, weithin beliebten Lokal reicht das Angebot von feinen türkischen Spezialitäten wie etwa Lamm in Auberginensauce bis zu den eher prosaischen Genüssen der englischen Küche. Es liegt etwas abseits in einer schmalen Straße zwischen dem Meer und der Atatürk Caddesi.
Cumhuriyet Caddesi, Rasathane Sokak 7 (0252) 316 5286 8 Uhr– spätabends

Datça

Liman ($–$$)
Eines der zahlreichen oberhalb der westlichen Bucht gelegenen Restaurants. Qualität und Auswahl sind mit dem Angebot der Konkurrenz vergleichbar. Sehr beliebt, mit Terrasse.
Uferpromenade, Datça mittags u. abends Bus bis Marmaris; Auto- und Personenfähre von Körmen nach Bodrum

Fethiye & Ölüdeniz

Anfora ($$)
Eines der »intellektuelleren« Restaurant in Fethiye. Hier gibt es türkische und internationale Küche. In das in der Regel recht ruhige Lokal fallen bisweilen Reisegruppen ein.
Fethiye (0252) 612 1282
mittags u. abends

Günes ($$)
Großes, gut eingeführtes Restaurant im Basarviertel mit Innen- und Außenplätzen; sollte vermieden werden,

Meze
Die türkischen *meze* sind mehr als Appetithäppchen oder Hors d'oeuvres. Vegetarier z.B. können sich aus drei bis vier verschiedenen *meze*, die zusammen mit Reis und Brot serviert werden, eine gehaltvolle Mahlzeit zusammenstellen. Ein vollständiges türkisches Menü beginnt mit verschiedenen kalten, anschließend mit warmen *meze*, so daß man beim Hauptgang bereits weniger Appetit verspürt. Besonders sättigend sind die mit Reis, Nüssen und Korinthen und in Olivenöl zubereiteten grünen Paprikaschoten.

Raki
Das alkoholische Nationalgetränk wird aus Trauben gebrannt und mit Anis gewürzt. In der Regel vermischt man *raki* mit Wasser, wodurch er sich milchig verfärbt, und trinkt ihn zu den Mahlzeiten. Der mit 40 Prozent relativ hohe Alkoholgehalt erklärt, warum er nicht als Apéritif getrunken wird – er verträgt sich nicht mit einem leeren Magen. Versuchen Sie das Nationalgetränk zusammen mit etwas Käse und Wassermelone.

wenn Reisegruppen in Massen auftreten. Das Angebot umfaßt die üblichen warmen und kalten Vorspeisen, Fisch- und Fleischgerichte
Likya Sokak 4–5, Fethiye
mittags und abends

Meğri ($)
Eingeführtes Restaurant, dessen guter Ruf auf seiner original türkischen Küche basiert. Man bestellt per Fingerzeig auf die gewünschten Gerichte. Ein zweites Meğri befindet sich in der Çarşı Caddesi.
Eski Cami Gecidi Likya Sokak 8, Fethiye (0252) 614 4046 mittags und abends

Restaurant La Turquoise ($$)
Hotelrestaurant am Pool mit internationaler Küche. Gehobene Atmosphäre und klassische türkische Live-Musik.
Montana Pine Resort, Ölüdeniz (0252) 616 6366
mittags und abends
***Dolmuş* oder Minibus von Fethiye**

Sesa Park ($)
Das relativ gute Hotelrestaurant mit Klimaanlage ist eines der wenigen Lokale in diesem Stadtteil, wo man in der Nähe der lykischen Felsgräber anständig essen kann. Empfehlenswert sind die Pizzen, weiterhin wird eine ausreichende Auswahl an anderen Gerichten angeboten.
Akdeniz Caddesi 17, Fethiye
(0252) 614 4656
7.30–22 Uhr

Göcek

Göcek ($–$$)
Das idyllisch an der Hauptküstenstraße zwischen Fethiye und Köyceğiz gelegene Göcek wird von im eigenen Auto reisenden Touristen sowie von Seglern mit ihren Jachten angesteuert; letztere sind für die etwas hohen Preise verantwortlich. Dennoch empfehlenswert ist der angebotene frische Fisch.
Yat Club House (0252) 645 1414 mittags u. abends
***Dolmuş* oder Minibus nach Fethiye und Köyceğiz**

Gümüşlük

Akvaryom ($$)
Spezialität des direkt am Meer gelegenen Restaurants ist frischer Fisch. Die Qualität der Speisen und das maritime Ambiente lohnen die Fahrt von Marmaris.
Ufer (0252) 394 3682
mittags und abends *Dolmuş* oder Minibus ab Bodrum

Içmeler

Deefne ($$)
Das Hotelrestaurant bietet ein Buffet (Festpreis) mit einer guten Auswahl an *meze* und europäischen Gerichten sowie klassische Live-Musik. Das Wasser-*dolmuş* von Marmaris hält hinter dem Hotel. Man spricht Deutsch.
Munumar Hotel, Keykubat Caddesi (0252) 455 3359
7–21.30 Uhr *Dolmuş* oder Minibus und Wasser-*dolmuş* ab Marmaris

Marmaris

Alba ($$–$$$)
Das relativ neue, aber bekannte Restaurant in Marmaris hat aufgrund der schönen Lage am Berg und der europäischen Küche einen guten Ruf.
Kaleiçi 30, Sokak 10
(0252) 412 4299 mittags und abends

Antique ($$–$$$)
Die Lage an der Nestel-Marina gereicht dem Antique gegenüber anderen Restaurants mit weniger Aussicht zum Vorteil. Das bunt gemischte Publikum genießt die exzellente Küche, vor allem die Salate.
Nestel Marina
(0252) 412 2708
8 Uhr–spätabends

Dede ($$)
Die riesige, in englisch, deutsch und russisch geschriebene Speisekarte des nahe der Touristeninformation gelegenen Dede bietet u.a. *meze*, Steaks, Hühnchen, Kebabs und Meeresfrüchte. Innen- und Außenplätze.
Barbaros Caddesi 15
(0252) 413 1289
8–24 Uhr

Mr Zek ($$)
Die überdurchschnittliche Küche des beliebten Restaurants mit Live-Musik und legerer Atmosphäre bietet Suppen, Fisch- und Fleischgerichte sowie türkische Nachspeisen.
Am Hafen
(0252) 413 4123
mittags und abends

Mona Titti ($$)
Das außen knallbunte, leicht auszumachende Lokal am Ufer bietet eine phantasievolle Speisekarte und wahrscheinlich mit die besten Curry-Gerichte an der Küste.
Atatürk Caddesi
(0252) 412 8799
mittags u. abends

Pineapple ($$)
Das ebenerdige Restaurant in der Nestel Marina zählen die Einheimischen zu den besten Lokalen. Internationale Küche, ländliche Umgebung.
Nestel Marina **(0252) 412 0976** **8 Uhr–spätabends**

Rovers Return ($)
Das schön und nahe dem Meer gelegene Gartenlokal eignet sich für Familien mit Kleinkindern, die sich an Würstchen, Pommes frites, Omeletts und ähnlich unkomplizierten Speisen erfreuen.
hinter dem Atlas Hotel, Kemel El **8–21 Uhr**

Türkbükü

Mey ($$)
Das auf einer Plattform im Meer liegende Restaurant ist zwar nicht das einzige seiner Art in Tükbükü, doch sehr beliebt. Spezialität sind die Fischgerichte.
Türkbükü, Nordküste der halbinsel Bodrum
(0252) 377 5118
mittags u. abends
***Dolmuş* oder Minibus nach Marmaris**

Yalıkavak

Ali Baba ($$)
In dem über dem Hafen gelegenen Lokal empfehlen sich die hausgemachten *meze* sowie als Hauptgang Fischgerichte und Steaks. Das *pide*-Brot wird in einem traditionellen Ofen gebacken.
Am Meer
(0252) 385 4063
mittags und abends
***Dolmuş* oder Minibus ab Bodrum**

Gebäck und Puddings
Konditoreien heißen *pastahanes*. Wer zuckersüße Genüsse liebt, für den bedeutet das typischerweise in Fett getränkte, mit Sahne oder Sirup gefüllte türkische Gebäck das Paradies. Die türkischen Puddings sind genauso süß und bedeuten eine Herausforderung für jeden, der auf sein Gewicht achtet. Die beliebteste Süßspeise *lokum* ist ein mit Puderzucker bestäubtes, mit Rosenwasser aromatisiertes Fruchtgelee.

Nördliche Ägäis

Preise
Durchschnittliche Preise für ein Zimmer pro Nacht (unabhängig von Doppel- oder Einzelzimmerbelegung):
$ = unter 20 Millionen Lira
$$ = 20–50 Millionen Lira
$$$ = über 50 Millionen Lira

Çanakkale

Akol ($$–$$$)
Das 4-Sterne-Hotel am östlichen Stadtrand eignet sich ausgezeichnet als Basisstation für Reisende, die Troja und Gallipoli besichtigen wollen. Zwischen den beiden Gebäuden befindet sich ein kleiner Pool, und etwa drei Viertel der 136 Zimmer bieten Blick auf die Dardanellen. Weiterhin gibt es zwei Restaurants und eine Dachbar.
Kordonboyu (0286) 217 9456; Fax (0286) 217 2897

Anzac House ($)
Gute preiswerte Unterkunft in Çanakkale mit sauberen Schlafräumen. Die Cafeteria im Untergeschoß bietet günstige Mahlzeiten, zudem gibt es eine Wäscherei, Duschen mit warmem Wasser sowie die Möglichkeit, Ausflüge nach Gallipoli zu buchen. Abends werden Filme über Gallipoli gezeigt. Das zentral gelegene Anzac House, das sich auf der linken Seite etwa 500 m vor dem Hauptdock für die Dardanellenfähren befindet, ist ganzjährig geöffnet.
Cumhuriyet Meydanı 61 (0286) 217 1392; Fax (0286) 217 2906

Herakleia

Agora ($)
Eine der angenehmsten Übernachtungsmöglichkeiten zwischen den beeindruckenden Überresten des antiken Herakleia (in und um Kapıkırı). Hier gibt es einfache Holzbetten, eine schöne Veranda und jede Menge Informationen zur Region. Man spricht jedoch weder Deutsch noch Englisch. Wanderausflüge mit Führer werden organisiert.
Kapıkırı (0252) 543 5445; Fax (0252) 543 5567
***Dolmuş* oder Minibus ab Çamiçi oder per Boot vom Südufer des Bafa-Sees**

Zeybek ($)
Preiswertere Alternative zum Agora, vor allem bei einer Übernachtung empfehlenswert. Tourist-Informationen sind erhältlich, man spricht nur wenig Deutsch.
Kapıkırı *Dolmuş*/Minibus von Çamiçi oder per Boot vom Südufer des Bafa-Sees

İzmir

Büyük Efes ($$$)
Eines der besten Hotels an der Ägäisküste; die außergewöhnliche Inneneinrichtung kombiniert elegant Grünpflanzen und traditionelles türkisches Dekor. Die ausgezeichneten Restaurants, die Disko, der Nachtklub und das Türkische Bad sind nicht nur bei den Hotelgästen beliebt.
Gaziosmanpasa Bulvarı (0232) 484 4300; Fax: (0232) 441 5695 61–63, 116, 110, 112, 150

Hilton ($$$)
Das mit 34 Stockwerken höchste Gebäude an der ägäischen Küste bietet gute Sportmöglichkeiten, Pool, Disko, ausgezeichnete Restaurants und im 31. Stock eine Bar mit überwältigender Aussicht. Der Service entspricht dem Hilton-Standard, der Flughafenbus hält nebenan.
Gaziosmanpasa Bulvarı (0232) 441 6060; fax (0232) 441 2277; E-Mail izmhitw@hilton.com 61–63, 116, 110, 112, 150

Imperial ($)
Das kleine, aber wahrscheinlich beste Hotel in dieser

Preiskategorie in İzmir bietet saubere Zimmer mit eigener Toilette und Dusche sowie jede Menge türkisches Lokalkolorit. Es ist weitaus besser als die anderen preiswerten Unterkünfte in diesem Viertel nahe dem Bahnhof.
✉ 1296 Sokak 54, Basmane ☎ (0232) 484 9771; Fax (0232) 425 6883 🚌 153

Princess ($$$)
Das relativ weit außerhalb des Stadtzentrums in Balçova gelegene Hotel ist leicht mit Taxi, Bus oder dem kostenlosen Zubringerbus zu erreichen. Für die abgelegene Lage entschädigt ein Kurzentrum mit dem örtlichen Thermalwasser, das in den Badezimmern sogar aus den Wasserhähnen strömt.
✉ Balçova ☎ (0232) 238 5151; Fax (0232) 239 0939 🚌 109

Kuşadası

Derici ($$)
Das am Strand im Stadtzentrum gelegene Hotel bietet 87 Balkonzimmer, etwa ein Drittel davon mit Meeresblick. Von der im 7. Stock befindlichen Pool-Bar aus hat man einen überwältigenden Blick auf die Ägäis.
✉ Atatürk Bulvarı 40 ☎ (0256) 614 8222; Fax (0256) 614 8226

Grand Blue Sky ($$$)
Alle Zimmer dieses luxuriösen 5-Sterne-Hotels am Stadtrand Richtung Damenstrand haben Balkon und Meeresblick; an dem kleinen Privatstrand gibt es eine Tauchschule und Wassersportmöglichkeiten. Weitere Einrichtungen sind Restaurants (Freiluft und überdacht), Fitneßzentrum, Sauna und Türkisches Bad.
✉ Kadinlar Denizli ☎ (0256) 612 7750; Fax (0256) 612 4225 🚌 *Dolmuş* oder Mnibus ins Zentrum von Kuşadası

Korumar ($$$)
Das bei der in Richtung Selçuk führenden Ausfallstraße gelegene, ganzjährig geöffnete 5-Sterne-Hotel mit 250 Zimmern blickt über die Ägäis. Es bietet Freiluft- und Hallenbäder, drei Restaurants, eine Freiluftdisko, Türkisches Bad, Sauna und Solarium.
✉ an der Straße nach Selçuk ☎ (0256) 614 8243; fax (0256) 614 5596 🚌 *Dolmuş*/Minibus ins Zentrum von Kuşadası

Selçuk

Kalehan ($$)
Von Efes (Ephesos) ist das Hotel Kalehan zu Fuß zu erreichen; es liegt an der Hauptstraße, die durch die Stadt führt und besticht durch seinen osmanischen Charme. Die wunderschön eingerichteten Zimmer entsprechen modernem Standard; zahlreiche Antiquitäten und Kunstwerke verleihen dem Hotel Individualität. Ein Pool und ein gutes Restaurant sind vorhanden.
✉ Attäturk Caddesi 4a ☎ (0232) 892 6154; Fax (0232) 892 2169

Nazhan ($)
Selçuks beste *pansiyon* bietet sechs geschmackvoll eingerichtete Zimmer, das Frühstück im kleinen Innenhof ist im Preis inbegriffen. Die Dachbar ist attraktiv, Mahlzeiten sind auf Anfrage erhältlich.
✉ Saint Jean Caddesi, 1044 Sokak ☎ (0232) 892 8731

Auf Zimmersuche
An der Küste der türkischen Ägäis findet man jede Art von Hotel, vom 5-Sterne-Haus in den größeren Städten bis zur einfachen Familien-*pansiyon* in den kleineren Ortschaften und Dörfern, die natürlich auch den Individualreisenden offenstehen. Die meisten Besucher finden den Standard auch in den *pansiyons* überraschend hoch und den Service immer hilfsbereit und freundlich.

Südliche Ägäis

Pansiyons
Wer nach einer preiswerten Übernachtungsmöglichkeit sucht, sollte nach dem Schild einer *pansiyon* (Pension) Ausschau halten. Eine *pansiyon* ist eine Mischung aus einer Frühstückspension und einem kleinen Gästehaus; in der Regel wird man hier freundlich willkommen geheißen. Die Zimmer sind meist einfach, aber sauber, bessere *pansiyons* bieten eigene Toilette und Dusche. Normalerweise gibt es warmes Wasser und Möglichkeiten zum Wäschewaschen; Frühstück ist immer erhältlich, kann jedoch zusätzlich berechnet werden.

Bergama/Pamukkale

Kervansaray ($–$$)
In Bergama selbst gibt es keinen besonders attraktiven Unterkünfte, und die Motels auf dem Pamukkale-Plateau sind meist teuer. Eine gute Alternative ist dieses bekannte, gut geführte, saubere und freundliche Hotel in einem kleinen Ort auf halbem Weg zwischen beiden Zielen, mit Dachrestaurant und Duschen auf den Zimmern.
✉ İnönü Caddesi, Pamukkale Köyü ☎ (0258) 272 2209; Fax (0258) 272 2143 🚌 Taxi von Bergama

Koray Otel ($–$$)
Das von vielen Touristen gelobte, ruhige, freundliche Hotel bietet einen kleinen Garten; Mahlzeiten werden auf Anfrage bereitet.
✉ nahe Menderes Caddesi, Pamukkale Köyü ☎ (0258) 272 2222; Fax (0258) 272 2095
🚌 Taxi von Bergama

Bodrum

Durak ($)
Trotz der Lage im Stadtteil der Diskothek Halikarnas ist diese kleine *pansiyon* mit hübschem Vorgarten und Terrasse relativ ruhig. Alle Zimmer haben eigene Toilette und Dusche, einige einen kleinen Balkon. Sollten alle Zimmer besetzt sein, empfiehlt sich das nebenan gelegene Uğu (☎ (0252) 3162106).
✉ Rasathane Sokak 8
☎ (0252) 316 1564

Emiko ($)
Eine weitere hübsche, kleine, nachts jedoch nicht zu laute *pansiyon* in zentraler Lage. Ausgeglichenes Preis-Leistungs-Verhältnis, alle Zimmer mit eigener Toilette und Dusche.
✉ Atatürk Caddesi, Uslu Sok 11
☎ (0252) 316 5560

Karia Princess ($$$)
Das erstklassige Spitzenhotel, das beste in Bodrum, liegt etwas westlich vom Stadtzentrum; hier wird man vom Diskothekenlärm verschont. In der Nähe befindet sich ein kleines Kino und der größte Supermarkt aller Ferienorte an der Küste. Das hoteleigene Türkische Bad ist eine wunderbare Neuschöpfung eines osmanischen *hamam*. Nur ein Fünftel der Zimmer hat keinen Balkon, sie sind dafür jedoch preiswerter.
✉ Canli Dere Sokak 15
☎ (0252) 316 8971; Fax (0252) 316 8979

Fethiye & Ölüdeniz

Anita and Ned's ($)
Alle Zimmer haben eigene Badezimmer und können mit Frühstück, Halb- oder Vollpension oder auf Selbstversorgerbasis gebucht werden. Das Hotel liegt wunderbar ruhig zwischen Pinienwäldern etwas außerhalb von Fethiye. Etwa 3 km vom Hotel befindet sich ein kleiner Strand, der Strand von Calis ist zu Fuß etwa 1 Stunde entfernt. Hausgemachte, auch vegetarische Gerichte sind erhältlich. Anita and Ned's bietet weniger Sonne-und-Strand-Urlaub als vielmehr eine angenehme Rückzugsmöglichkeit.
✉ Ciftlikkoy, 12km von Fethiye ☎ (0252) 623 9783 🚌 *Dolmuş* oder Minibus bis Fethiye

Kemal ($$)
Das direkt im Stadtzentrum hinter dem Postamt gelegene Kemal bietet einfache, aber

hübsch eingerichtete Zimmer am Meer. Das abseits der Pubs befindliche, nachts angenehm ruhige Hotel ist ganzjährig geöffnet.
✉ Kordon Boyu Gezi Yolu, Fethiye ☎ (0252) 614 5009; Fax (0252) 614 5009

Meri ($$$)
In diesem einzigen Hotel im ausgewiesenen Nationalpark bei Ölüdeniz kann man am besten Sonne tanken. Das Meri bietet 75 Zimmer, ein Restaurant, eine Gartenbar, einen Kinderspielplatz und eine Wäscherei. Die üblichen Wassersportarten einschließlich Tauchen werden angeboten.
✉ Ölüdeniz
☎ (0252) 616 6060; Fax (0252) 616 6456
🚌 *Dolmuş*/Minibus bis Fethiye

Içmeler

Aqua ($$$)
Schön gelegen, mit Palmen und einem bis zum Strand reichenden Garten. Die Annehmlichkeiten von Içmeler sind zu Fuß zu erreichen. Die 240 Zimmer haben Balkone, teilweise mit Meeresblick. Geeignet für Familien mit Kindern; Erwachsene können Fitneßzentrum und Tennisplätze nutzen.
✉ Içmeler
☎ (0252) 455 3633; Fax (0252) 455 3650 🚌 *Dolmuş* oder Minibus bis Marmaris

Munamar Vista ($$$)
Etwa die Hälfte der Zimmer des hinter dem Strand gelegenen Hotels, Endstation des Wasser-*dolmuş* von Marmaris, bietet Meeresblick. Zum Hotel gehören Türkisches Bad, Pool, Fitneßzentrum, Diskothek und große Zimmer sowie ein Verleih von Wassersportgeräten. Ganzjährig geöffnet.
✉ Kayabal Caddesi ☎ (0252) 455 3360; Fax (0252) 455 3359
🚌 *Dolmuş*/Minibus und Wasser-*dolmuş* von Marmaris

Marmaris

Begonya ($$)
Das überdurchschnittliche Mittelklassehotel im Zentrum von Marmaris bietet ein aus Steinen gebautes Haus mit eigenem Innenhof und außergewöhnlicher Architektur. Einziger Nachteil sind die lebhaften Kneipen der Umgebung.
✉ Hacı Mustafa Sokak 101
☎ (0252) 412 4095; Fax (0252) 412 1518

Green Nature ($$$)
Das moderne 5-Sterne-Hotel ist bei britischen Reiseunternehmen beliebt. Es bietet einen Whirlpool und Kinderbecken, Buffetrestaurants, Sauna, Fitneßzentrum, Türkische und Finnische Bäder, Tennisplatz und Billard.
✉ Siteler Mh Armutalan
☎ (0252) 413 6054; Fax (0252) 413 6052 🚌 *Dolmuş* oder Minibus bis Marmaris

Kaya Maris ($$)
Das von einigen britischen Reiseunternehmen genutzte, 256 Zimmer große Touristenhotel liegt etwa 50 m vom Strand und etwa 30 Gehminuten vom Zentrum von Marmaris entfernt. Im Angebot sind ein großer und ein Kinder-Pool, Türkisches Bad, Fitneßraum, Sauna und Wassersportmöglichkeiten.
✉ Kenan Evren Bulvarı
☎ (0252) 413 0233; Fax (0252) 413 1864 🚌 *Dolmuş* oder Minibus bis Marmaris

Ferienhotels
Zwar kann man auch als Individualtourist in den 4- oder 5-Sterne-Hotels absteigen, preiswerter ist es jedoch, wenn man in diesem Fall eine Pauschalreise bei einem Reisebüro im Heimatland bucht. In der Regel umfassen die Angebote Übernachtung mit Frühstück oder Halbpension. Einige der großen Hotels bieten für Familien sogar Zimmer mit Selbstversorgung an. Die Mahlzeiten werden in typischen Buffets angeboten. Für die Getränke zum Abendessen, bisweilen sogar für ein Glas Wasser, muß extra gezahlt werden.

Basare

Teppiche
Türkische Teppiche genießen internationalen Ruf, weisen jedoch große Qualitätsunterschiede auf. Von entscheidender Bedeutung für den Wert eines Teppichs ist, ob er mit der Hand geknüpft oder maschinell hergestellt wurde; weitere wichtige Kriterien sind die Dichte der Knoten und ob der Teppich mit Natur- oder billigeren Kunstfarben gefärbt wurde oder aus Wolle oder Seide gefertigt ist. Die gewebten Kelims, die auf Vorder- und Rückseite das identische Muster aufweisen, sind immer preiswerter.

Kuşadası, Bodrum und Marmaris

Die Basare *(basar)* in den großen Ferienorten Kuşadası, Bodrum und Marmaris sind keine original osmanischen Märkte, wie sie in ihrer mittelalterlichen Form in Istanbul und in geringerem Ausmaß in İzmir zu finden sind. Dennoch kann man in diesen um die traditionellen Handelsviertel der Stadt errichteten Einrichtungen wunderbar einkaufen.

Die Basare der Ferienorte bestehen aus kleinen Läden auf beiden Seiten einer Fußgängerstraße oder -passage, häufig sind die auf der Straße ausgestellten Waren mit einem Zeltdach überspannt. Für die Besucher ist die große Dichte der auf Touristen eingestellten, miteinander konkurrierenden Geschäfte von Vorteil; und der kühle Schatten der Markisen ist in der Hauptsaison mehr als willkommen. Andererseits muß man sich der ständigen Aufforderungen der Ladenbesitzer und der aufdringlichen Schlepper erwehren – das kann lästig sein, wenn man in Ruhe einen Kauf überdenken will. Die Verkaufsverhandlungen beginnen in der Regel mit einer angebotenen Tasse Tee; denken Sie daran, daß für Türken eine solche Gastfreundschaft selbstverständlich ist, und dieses Angebot noch keine Einigung impliziert. Die angebotenen Waren sind äußerst vielfältig. Dies gilt besonders für Marmaris, wo täglich Schiffsladungen mit Besuchern aus Griechenland anlegen, die türkisches Geld zum Ausgeben mit sich tragen. Überall verkauft man Lederkleidung und -waren, Handtaschen, Reisetaschen, Brieftaschen, Accessoires, nicht sehr viel weniger Geschäfte bieten Teppiche und Kelims, Schmuck, Meerschaumpfeifen, Keramikwaren und Kunsthandwerk an. Es lohnt sich, nach bekannter amerikanischer oder europäischer Markenkleidung zu suchen. Diese wird in der Regel in der Türkei unter Lizenz produziert und ist demzufolge häufig sehr viel billiger als zu Hause. Achten Sie jedoch auf die Qualität. Die preiswertesten Waren in einem Basar sind in der Regel Souvenirs, synthetisches Apfelteepulver, Sandalen und Strandkleidung, *lokum* und andere Süßigkeiten.

İzmir

Der aus einem Labyrinth aus schmalen Straßen und Sackgassen gebildete, nördlich des Konak-Platzes gelegene Basar stammt noch aus der Zeit vor der Feuersbrunst von 1922. Es gibt einige restaurierte Karawansereien aus dem 18. Jahrhundert (hier lagerten die Handelskarawanen aus dem Osten) und ein paar Moscheen, darunter die Hisar-Moschee von 1597, die älteste und zugleich größte Moschee in İzmir. (Siehe auch den Rundgang durch die Altstadt von İzmir ► 33.)
Die unzähligen Geschäfte, Stände und Werkstätten werden zumeist von den Einheimischen genutzt. Die Bekleidungs- und Schuhgeschäfte lohnen auf jeden Fall einen Besuch, desgleichen die Musikgeschäfte, in denen die traditionelle Volksmusikszene gedeiht. Hauptattraktion ist die Atmosphäre: An diesem interessanten und charaktervollen Ort kann man die türkische Kultur mit allen Sinnen erleben. Die meisten Läden sind sonntags geschlossen.

Traditionelles Handwerk und Souvenirs

Antiquitäten

Nördliche Ägäis

Bergama

Tahsin Bayansal
Der große Laden bietet zahlreiche alte Bronze-, Kupfer- und Holzgerätschaften, die einst einen praktischen Nutzen besaßen. Weiterhin verkauft man Silberwaren, bestickte Tücher, Glas, alte Teppiche und Kelims. Hier sollte man hart verhandeln, denn der gegenüber der Roten Basilika gelegene Laden wird von Besuchern auf dem Weg nach Pergamon angesteuert, und die Grundpreise entsprechen keinesfalls dem Realwert.
Kinik Caddesi 9
(0232) 633 1974
9–23 Uhr

Bodrum

Ifos
Im ersten Stock stehen alte Kelims und kleine Teppiche zum Verkauf, im überfüllten Erdgeschoß hingegen verschiedenste Waren. Nicht alles ist echt antik oder wird als solches angeboten. Wer keine Eile hat, kann hier viel entdecken. Zu den Höhepunkten zählt eine Sammlung von alten und modernen Wasserpfeifen.
Çarşi Mahallesı Çarşi Içı 6, Sokak 16 **(0252) 316 4961**
9–24 Uhr

Südliche Ägäis

Marmaris

Ottoman
Ein Sammelsurium aus Silberschmuck, Uhren, Taschenuhren, Kupfergerätschaften aller Formen und Größen, Stickereien usw. findet sich hier in der Nähe des Basars in charmant-chaotischer Atmosphäre. Dennoch umfaßt das Angebot auch zahlreiche echte Antiquitäten. Das Ottoman arrangiert zudem den Versand der gekauften Ware.
Çeşme Mey Grand Pazar 1
(0252) 412 5911 **9–22 Uhr**

Kunst & Kunsthandwerk

Nördliche Ägäis

Çanakkale

Ilion Tur
Eine Filiale des Geschäfts befindet sich gleich außerhalb von Troja im Dorf Trevfikiye. Im Laden in Çanakkale kann man jedoch besser einkaufen, da er nicht von Reisegruppen überlaufen ist. Hier gibt es die üblichen Troja-Souvenirs, jedoch zu einem äußerst günstigen Preis, sowie türkische Pluderhosen, Bücher über antike Geschichte und verschiedene Souvenirs. Die preiswertesten Troja-Andenken erhält man in der Stadt an den Ständen am Hauptdock für die Autofähre.
Yali Caddesi 20 **(0286) 217 0537 (** **(0286) 283 0823 (Troja)** **9–23 Uhr**

Çeşme

Erdal's
Kleine Geschenke und Souvenirs: Kristalle, Keramikwaren, Messing und Kupfer, Onyx, Holzschnitzereien, Meerschaumpfeifen.
16 Eylül Mh Gümrük Caddesi 21 **(0232) 712 6161** **8:30–9** ***Dolmuş* oder Minibus bis İzmir**

Der »böse Blick«
Der weltweit verbreitete Volksglaube, bestimmte Menschen besäßen die Fähigkeit, durch bloßes Ansehen anderen Menschen, Tieren oder Dingen Schaden zufügen zu können, hat auch in der Türkei eine lange Tradition. Als Abwehrzauber sollen blaue Perlen dienen, die in bester Qualität bei Juwelieren angeboten werden.

Handeln will gelernt sein

Feste und angeschriebene Preise sind an der türkischen Ägäisküste eher eine Seltenheit, so daß man häufig handeln muß. Nutzen Sie Ihre Erfahrung und Ihr Urteilsvermögen, um den für Sie akzeptablen Preis festzustellen; vergleichen Sie auch die Preise in den verschiedenen Geschäften. Als Faustregel gilt: Machen Sie niemals ein Angebot (das Sie nicht mehr unterbieten können), bis der Verkäufer zumindest einmal den Anfangspreis reduziert hat.

Kuşadası

Asia Shop 2

In einer Straße im hinteren Teil des Großen Basars gelegen, ist der Laden am besten zu Fuß über die Straße hinter der Touristeninformation zu erreichen. Auf zwei Stockwerken gibt es eine riesige Auswahl an kleinen Mitbringseln, Souvenirs und preiswertem Krimskrams. Die Festpreise erlauben gemütliches Aussuchen ohne anstrengendes Handeln.

Kibris Caddesi 4 (0256) 614 1393 7.30–1 Uhr

Çerge

Eines der geschmackvolleren kleinen Geschäfte in Kuşadası, auch weil hier das allgemeine Publikum einkauft. Im Winter erwerben hier türkische Kauflustige attraktive, dekorative Gegenstände für ihre Heime, im Sommer hingegen stöbern hier Touristen nach ansprechenden Geschenken und Präsenten.

Kemal Ankan Caddesi 16
(0256) 612 5821
8.30–24 Uhr

Music Box

Nicht die große Auswahl an Kassetten und CDs, sondern die traditionellen türkischen Musikinstrumente sind hier die Hauptattraktion. Verkauft werden leicht zu transportierende, einfache Flöten *(ney)* sowie größere und empfindlichere Instrumente.

Yildirim Caddesi 13
(0256) 614 7522 9–1 Uhr

Pearl

Gemischte Auswahl an elegantem, meist modernem türkischem Kunsthandwerk wie etwa Schmuckschwertern, Uhren und Schmuck. Weitere Objekte sind in Schachteln gefaßte Bilder, bei denen durch die Schichtung des Materials auf der kleinen Leinwand dreidimensionale Effekte erzielt werden.

Kemal Arikan Caddesi 2
(0256) 612 0553
10–23 Uhr

Priene

Onyx Factory & Shop

Die Werkstatt und der angrenzende Laden liegen an der Seite des Platzes, an der die Minibusse halten. Außer bei Hochbetrieb zeigt man Besuchern gerne die Werkstätte und erklärt den Verarbeitungsprozeß der Steine vom ungeschliffenen Rohstück bis zur letzten Politur. Die Preise sind angemessen, die Auswahl ist gut.

Priene (0256) 547 1123
8–21 Uhr *Dolmuş* oder Minibus ab Söke

Südliche Ägäis

Didim (Didyma)/ Altinkum

Gallery Kirşehir

Onxy-Verarbeitung und -Verkauf direkt gegenüber dem Apollo-Tempel; verkauft werden Vasen, Gefäße, Aschenbecher und weitere Artikel. Potentiellen Kunden werden die Werkstätten vorgeführt.

Harabeler Kar, Didyma
(0256) 811 0306 8–21 Uhr *Dolmuş* oder Minibus ab Söke

Marmaris

Blue and White

Keramiken aus Kütahya aus dem 18. Jahrhundert zählen heute weltweit zu den teuren Ausstellungsstücken in Mu-

seen. Auch heute noch ist die Stadt Produktionszentrum für moderne türkische Keramik; in großer Auswahl wird sie im Laden im Stadtzentrum gegenüber der alten Moschee angeboten. Die bunten Waren sind in Hinblick auf die Touristen ausgewählt worden, zudem werden sie verpackt, damit man die Stücke heil nach Hause bringen kann. Die Preise sind relativ hoch.
✉ **Eski Camci Sok 57/A**
☎ **(0252) 412 0748**
🕘 **9–24 Uhr**

Continental
In dem leicht zu findenden Laden im Basar wird nur türkische Keramik, vor allem Teller und Vasen, verkauft. Einige der handbemalten Stücke sind wunderschön, für die Verpackung wird gesorgt.
✉ **Eski Carsi Sokak 28/A**
☎ **(0252) 413 4008**
🕘 **9–24 Uhr**

Nur-Bal
Der kleine Laden hinter dem Postamt bietet eine große Auswahl an Marmaris-Honig, einem für die Gegend typischen Souvenir. Der dunkle Pinienhonig ist eine der lokalen Spezialitäten; fragen Sie auch nach *portakal*, einer helleren, sehr süßen Sorte.
✉ **Fevzi Paça Caddesi 9/C**
🕘 **8.30–22 Uhr**

Teppiche

Nördliche Ägäis

İzmir

Anatolia
Hochwertige handgeknüpfte Teppiche und Kelims werden hier verkauft. Die nicht zu große Auswahl ist ausreichend für jeden ernsthaft interessierten Käufer. Bei kleineren Erwerbungen können Sie vom Ausgangspreis mindestens 15 Prozent Nachlaß erwarten, bei wirklich teuren Teppichen sollten mindestens 25 Prozent gewährt werden.
✉ **928 Sokak 25 (Hilton Hotel Shopping Mall)** ☎ **(0232) 441 7578** 🕘 **Mo–Sa 9–21 Uhr** 🚌 **61–63, 116, 110, 112, 150**

Mihrap
Angeboten werden handgeknüpfte Seiden-, Woll- und Baumwollteppiche sowie Kelims. Verhandeln Sie hart und erreichen Sie mindestens 30 Prozent Nachlaß vom Ausgangspreis. Der Laden liegt abseits in einer modernen kleinen Einkaufsstraße im Basar, deren Eingang sich neben der Parfümerie an der Ecke der Anafartalar Caddesi befindet.
✉ **Kapalicarsi, Anafartalar Caddesi, Konak** ☎ **(0232) 484 0425** 🕘 **9–21 Uhr** 🚌 **86, 169**

Kuşadası

Faberce
Der renommierte, nahe dem Eingang zum Basar gelegene Laden ist einfach zu finden; er öffnet wegen der Passagiere der zahllosen Kreuzfahrtschiffe, die in Kuşadası an Land gehen, bereits frühmorgens. Auf zwei Etagen werden Teppiche und Kelims angeboten, das höfliche Verkaufspersonal ist relativ zurückhaltend, aber dennoch äußerst überzeugend. Bei großen Einkäufen werden Lieferung und Versicherung organisiert, was etwa zwei Prozent des Verkaufspreises ausmacht.
✉ **Söförler Sokak 3, Grand Bazaar** ☎ **(0256) 614 8885**
🕘 **7.30–24 Uhr**

Ladenschluß ?!
Falls nicht anders angegeben, sind alle hier vorgestellten Geschäfte sieben Tage die Woche geöffnet und schließen auch nicht zur Mittagspause. Übliche Öffnungszeiten sind von 8 Uhr morgens bis 21 oder 22 Uhr. In beliebten Ferienorten wie etwa Kuşadası fragt das Verkaufspersonal auch noch nach Mitternacht, aus welchem Land Sie kommen und bietet Ihnen einen Apfeltee an.

Reizvolle Souvenirs
Außer den üblichen und teureren Waren wie etwa Leder, Schmuck, Teppichen und Keramik kann man an der Küste auch ungewöhnlichere Souvenirs erstehen. Schön sind häufig hölzerne Schachbretter mit Einlegearbeiten aus Zedernholz oder die schwereren Varianten aus Onyx, tragbare Backgammonspiele (*tavla*) oder dekorative Wasserpfeifen (*nargiles*). Äußerst attraktiv sind auch Gefäße und Vasen aus Alabaster.

Selçuk

Nomadic Art Gallery
Teure handgeknüpfte Wollteppiche aus Anatolien, preiswertere Baumwollteppiche und Importe aus dem Iran und Afghanistan stehen im Angebot. Kunden erhalten die übliche Tasse Tee zum freundlichen Gespräch, doch wie in jedem Teppichladen in Selçuk sollte man ein wenig über Teppiche Bescheid wissen und die Materialien unterschiedlicher Qualität erkennen können.
Atatürk Mh Cengiz Topel Caddesi 26/A (0232) 891 8650 8–23 Uhr

Südliche Ägäis

Bodrum

Galeri Anatolia
Diese zwei bekannten Läden rühmen sich der größten Auswahl an türkischen Teppichen und Kelims in Bodrum – ein guter Platz, um mit der Suche zu beginnen.
Kale Caddesi 2, Iskele Caddesi 11
(0252) 614 62468, (0252) 614 61585 8 Uhr–spät

Marmaris

Oriental
Der neben der Touristeninformation am Meer gelegene, leicht zu findende und komfortable »Teppichpalast« bietet eine gute Auswahl an Teppichen und Kelims. Hier sollte man wissen, was man will und vor allem den angemessenen Preis kennen – wie in all diesen Geschäften sollte man kräftig handeln.
Yat Limanı 3
(0252) 412 4818
8–24 Uhr

Schmuck

Nördliche Ägäis

İzmir

Sevgi Youlu
Dies ist kein Laden, sondern eine Fußgängerzone direkt hinter dem Hilton Hotel. Vor allem am Wochenende säumen Stände mit Ringen, Anhängern, Ketten und Ohrringen die Straße. Die Preise sind nicht angeschrieben, doch ist dies kein Touristenmarkt, und nach Wiegen der Ware erhält man angemessene Preisvorschläge. Handeln Sie den Ausgangspreis um 10 bis 20 Prozent herunter.
Sevgi Youlu 9–21 Uhr
62, 68, 77

Selçuk

İahin
In dem mitten in Selçuk nahe der Artemisstatue, an der Ecke der Fußgängerzone gegenüber den Restaurants gelegenen Laden verkauft man nur Goldschmuck. Man spricht etwas Englisch.
Namik Kemal Caddesi 2
(0232) 891 8838
9–22 Uhr

Südliche Ägäis

Bodrum

Patika
Das unbedingt sehenswerte Angebot umfaßt wunderschöne exquisite Türkisfiguren, aber auch andere wertvolle Steine wie etwa Opale sowie moderne Ringe, Ohrringe und Halsketten, daneben den üblichen Schmuck im osmanischen Stil und attraktiven Bernstein. Der leicht zu findende kleine La-

den befindet sich auf der rechten Seite der Hauptstraße, die von der Moschee bei der Touristeninformation zur Bushaltestelle führt.

Cevat Sakir Caddesi 18/A
(0252) 313 2607
8.30–24 Uhr

Fethiye

Talisman

In Fethiye gibt es nur ein begrenztes Angebot an Schmuckläden. Im *Talisman*-Laden aber findet man eine größere, nicht zu teure Auswahl an Gold-, Silber- und Edelsteinschmuck, meist Halsketten, Ringe und Ohrringe. Auch Reparaturen werden hier angenommen und ausgeführt.

Hamam Sokak 15/1
(0252) 614 8585
9–19 Uhr

Kuşadası

Barok

Der zentral gegenüber dem Haupthafen gelegene Juwelierladen verkauft nur Gold und Edelsteine. Über die Preise sollte man verhandeln.

C Kebir Mah Barbaros Caddesi 13 **(0256) 612 8098**
9–23 Uhr

Leder

Nördliche Ägäis

İzmir

Aydın

Guter Laden für Jacken, nicht nur auf Touristen spezialisiert. In der Nähe sind mehrere Konkurrenzgeschäfte; es lohnt sich also, die Preise zu vergleichen.

Gazi Osmanpaşa Bulvarı
(0232) 489 2235 **8–20 uhr**
88, 92, 93, 157, 235

Kuşadası

Galeri Sultan

Der angeblich älteste Ledermarkt in Kuşadası, ein Familienbetrieb mit erstklassiger Lage im Grand Bazaar, bietet eine gute Auswahl an Jacken und einigen preiswerteren Westen.

Grand Bazaar 5 **(0256) 612 4569** **7.30–1 Uhr**

Südliche Ägäis

Bodrum

Gazelle Leather & Gift Shop Handicraft

Wie der Name schon sagt, bietet der Laden ein gemischtes Angebot – eine kleine Auswahl an Lederjacken und Gürteln sowie vielerlei preiswerteres Kunsthandwerk wie etwa kleine Schachteln mit Intarsien, Bilderrahmen, Schmuck, Souvenirs und Geschenke.

Neyzen Tefik Caddesi 124
(0252) 316 9707
9.30–24 Uhr

Marmaris

Duygu Bag Shop

Ein Basarladen mit hochwertigen Reisetaschen, Handtaschen, Gürteln und Brieftaschen. Trotz der angeschriebenen Preise kann man handeln. Am anderen Ende der Fußgängerzone befindet sich ein ähnlicher Laden, vergleichen Sie deshalb die Preise und Produkte.

Tepe Mah Rıhtım Sokak 11/A **(0252) 412 8117**
9–24 Uhr

Lederjacken

Erwarten Sie keine Schnäppchen: Gute türkische Lederjacken sind nicht billig, sollten jedoch preiswerter sein als Jacken vergleichbarer Qualität in Deutschland. Vergleichen Sie gründlich die Verarbeitung und achten Sie darauf, die Farbe der Jacke außerhalb des Ladens bei Tageslicht zu überprüfen.

Attraktionen für Kinder

Babysitter in Bodrum
In Bodrum gibt es englisch, französisch oder deutsch sprechende Babysitter.
Gündüz Bakim Evi ist ein Kindergarten (✉ Umurça Mah. Derviş Görgü Caddesi 12/2. ☎ 0252-66328)) für 3- bis 6jährige Kinder mit Lernspielen, Mahlzeiten und einem Spielplatz.

In der Türkei gibt es zwar nur wenige spezielle Attraktionen für Kinder, dennoch es ein kinderfreundliches Land. In Geschäften und Läden sind Kinder in der Regel gern gesehen, und an unwegsamen Plätzen findet sich immer eine hilfreiche Hand, die einem mit dem Kinderwagen hilft. Einwegwindeln für Kinder bis zu 12 kg sind in Apotheken erhältlich, desgleichen Babymilch und -nahrung.

In den meisten besseren Ferienhotels gibt es ein abgetrenntes Kinderbecken. Einige Hotels bieten – in der Regel in Zusammenarbeit mit dem Reiseunternehmen im Heimatland – spezielle Kinderclubs (für 3- bis 6jährige und 7- bis 12jährige) an, in denen die Kinder vormittags und nachmittags betreut werden. Babysitter für den Abend sind meist schwer zu organisieren.

Strände

In der westlichen Türkei gibt es zahlreiche für Kinder geeignete Strände, an denen sie Sandburgen bauen und unter Aufsicht im flachen Wasser spielen können. Bisweilen ist es schwierig, Schattenplätze zu finden, weshalb man niemals Sonnencreme und anderen Sonnenschutz vergessen sollte. Erkundigen Sie sich immer im Hotel und in der Touristeninformation, ob man an einem Strand ins Meer hinausschwimmen kann. Sonnenschirme und Liegestühle am Strand bedeuten nicht zwingend, daß auch das Meer sicher ist. Abgesehen von Strudeln und Strömungen sind manche Meeresabschnitte zu verschmutzt, als daß man unbedenklich ins Wasser gehen könnte. Die Strände in Calis (► 64) und Turgetreis (► 89) sind insofern sicher, als daß sie sehr seicht sind. Dies gilt auch für den Strand bei İztuzu (Dalyan ► 65), an dem die Karettschildkröten Nester bauen.

Parks

Kűltűrpark
Der Hauptpark von İzmir beherbergt einen Zoo und einen Rummelplatz, ein Restaurant und ruhige Gärten, zudem findet hier alljährlich die Internationale Messe von İzmir statt. Die meiste Zeit des Jahres ist er jedoch eine willkommene Oase im Stadtzentrum.

Go-Karts

Go-Kart Club
In Marmaris gibt es eine sowohl für Touristen als auch für Einheimische attraktive Bahn. Erkundigen Sie sich vor einem Besuch telefonisch über das aktuelle Programm.
✉ **Tepe Mah, Bağiç Sokak, Malakent Yanı, Marmaris**
☎ **(0252) 413 8958**

Wasserparks

Atlantis Aquapark & Aquapark Içmeler
Der Atlantis Aquapark ist ein kürzlich eröffneter Wasserpark für Kinder, mit vielfältigen Wasserrutschen, einer »Froschinsel« und einem Strand für die Eltern. Der unter demselben Management geführte, etwas ältere Aquapark Içmeler befindet sich, wenn Sie von Marmaris aus nach Içmeler kommen, auf der rechten Seite.

Atlantis Aquapark
✉ **Marmaris**
☎ **(0252) 413 0308**
🕐 **von morgens bis abends**

Aquapark Içmeler
☎ **(0252) 455 5049**
🕐 **von morgens bis abends**

Aktivitäten

Kinos

Karia Princess Cinema

Das hübscheste kleine Kino an der türkischen Ägäisküste befindet sich im Erdgeschoß eines Hotels in Bodrum. An einer kleinen Bar serviert man Getränke und Süßigkeiten. Während der obligatorischen Pause drängt das Publikum für eine Zigarette nach draußen. Witzig und unterhaltsam.

✉ Canli Dere Sokak 15, Bodrum ☎ (0252) 316 6272 🕐 nachmittags, abends und nachts

Kuşadası Cinema

Den meisten Besuchern gefällt das Spektakel in Kuşadasıs Freiluftkino (im Winter im Haus) im Stadtzentrum. In dem kleinen, spaßigen und preiswerten Kino verursacht der Verkehrslärm keine Probleme.

✉ Kemai Ankan Caddesi, Kuşadası ☎ (0256) 614 1370 🕐 nachmittags, abends und nachts

Reiten

Horse Safari & Horse Camp

Hier können ältere Kinder und Erwachsene die Landschaft auf eine andere Art und Weise erfahren. Das Horse Camp bietet Einzelreitstunden, ein bis zwei Stunden lange Ausritte und mehrtägige Reitausflüge.

Hills Tour ✉ Atatürk Bulvarı 70, Kuşadası ☎ (0256) 612 8332 Horse Camp@Bitez Beach, Bodrum ☎ (0252) 614 31961

Wandern

Obwohl man in der Türkei meist in den zentralen Gebirgen wandert, kann dies auch in den Küstenregionen lohnend sein. Hier gewinnt man einen kleinen Einblick in die traditionellere Lebensart fernab vom Trubel der Ferienorte. Schützen Sie sich vor Hitze und Sonneneinstrahlung vor allem in der Mittagszeit. Leider gibt es keine guten Wanderkarten, weshalb man sich nur schwer orientieren kann.

Saklıkent

Diese 18 km lange Schlucht ist an manchen Stellen so eng, daß kein Sonnenstrahl eindringt. Für erfahrene Wanderer ist dies ein lohnender Tagesausflug. Der Weg besteht z.T. aus Bretterbohlen, bisweilen muß man jedoch auch waten und klettern. Bringen Sie Verpflegung mit, obwohl auch Einkehrmöglichkeiten vorhanden sind.

✉ Saklıkent, 46 km südöstlich von Fethiye 🕐 8–17 Uhr 🚌 *Dolmuş* oder Minibus bis Fethiye

Wassersport and Abenteuertouren

Windsurfen, Paragliden, Jetskifahren und Kanufahren sind die beliebtesten Aktivitäten. Kinder begeistern sich für (beaufsichtigtes) Schnorcheln. Überprüfen Sie die Bedingungen Ihrer Reiseversicherungen bezüglich Wassersportunfällen. In den größeren Ferienorten sollte man sich in den Agenturen, die Bootsausflüge vermitteln, nach Aktivitäten wie Trekking, Kanufahren oder Rafting erkundigen. In der Regel können ältere Kinder in Begleitung eines Erwachsenen gleichfalls teilnehmen. Erkundigen Sie sich bei Try Natur Travel Agency ☎ (0252) 614 8994; Fax (0252) 614 6992 oder im Büro in Ölüdeniz ☎ (0252) 616 6586.

Filme

Englischsprachige Filme werden in der Regel nicht synchronisiert, sondern mit türkischen Untertiteln versehen. Die meisten großen internationalen Produktionen werden auch in türkischen Kinos gezeigt.

Pubs, Clubs, Diskos und Bars

Die Szene in Kuşadası
Die Barlar Sokaği (»Bierstraße« oder »Kneipenstraße«) weist die größte Dichte an Bars und Pubs auf und zieht vor allem junges Publikum aus Großbritannien an. Das Bier fließt in Strömen, und die Dezibel dröhnen bis in den Morgen. Die Pubs und Diskos in der Altstadt Kalet sind zumindest vom Erscheinungsbild her interessanter. Hier wurden die kleinen Innenhöfe in Bars und Tanzflächen umgebaut. She, Ecstasy, Green Bar und Another Bar sind einige der bekannteren Treffpunkte.

Pubs & Bars

Nördliche Ägäis

Çanakkale

Akol Roof Bar
In der Roof Bar im obersten Stockwerk des Akol Hotel kann man am besten bei einem Cocktail den Sonnenuntergang über den Dardanellen genießen. Je nach Geschmack wird die Live-Popmusik als erhebend oder störend empfunden.
Akol Hotel, Kordonboyu 18 Uhr– nachts (0286) 217 9456

Alesta Bar
In Çanakkale kann man abends nur wenig unternehmen, etwas Zerstreuung findet man in dieser gemütlichen kleinen Bar im Stadtzentrum, deren Besuch wirklich lohnt. Sie öffnet schon am frühen Abend, doch erst um Mitternacht bringen Musik und verstärkter Publikumsandrang Schwung.
Yalı Caddesi (0286) 217 0839 18 Uhr– zum frühen Morgen

Çeşme

Lowry's Irish Pub
Der Besitzer dieses beliebten Pubs ist wirklich Ire, es handelt sich also nicht um einen der vielen pseudo-irischen Pubs. Fast jeden Abend steht Live-Musik auf dem Programm, Getränke werden im Inneren oder im Freien bei einem kleinen Gartenpool gereicht; zudem gibt es türkisches und irisches Essen. Ein etwas weniger authentisches irisches Pub befindet sich im Untergeschoß des Zee Gold Hotel in derselben Straße.
İzmir Caddesi, Ilica (0232) 723 0425 ab vormittags ***Dolmuş*** **oder Minibus bis Çeşme**

İzmir

Windows on the Bay
Vom 31. Stock des Hilton Hotels aus hat man einen Panoramablick über die größte Stadt an der ägäischen Küste und die wunderschöne Bucht. Von 18 bis 21 Uhr entspannen sich hier Geschäftsleute nach der Arbeit, ab 23 Uhr bis zur Sperrstunde ist die Atmosphäre bei leichter Popmusik von internationalen Bands lockerer. Man zahlt kein Gedeck, jedoch abends eine erschwingliche Mindestbestellung.
Gazi Osman Paça Bulvarı (0232) 441 6060 11–2.30 Uhr 61–63, 116, 110, 112, 150

Kuşadası

Rhodes
Je nach Tageszeit ist dies ein relativ ruhiger Ort für Cocktails und Unterhaltungen. Die benachbarte Mexican Bar zieht ein lautes Publikum an, das nahe gelegene Captain's House ist eine große Café-Bar mit Live-Musik (ohne Tanz).
Atatürk Caddesi (0256) 614 6362 vormittags– spät abends

Selçuk

Don Kişot
In Selçuk gibt es eigentlich nur zwei lebhafte und ansprechende Bars. Das kleine, Don Kişot ist gut besucht. Die größere, anspruchsvollere Pink Bar befindet sich gleich um die Ecke.
Sokak 1005 6/A vormittags–spät abends

Südliche Ägäis

Bodrum

Ora

Das höhlenartige, antik wirkende Gebäude ist eine der beliebtesten Bars in Bodrum und in der Regel mit ausgelassenem Publikum überfüllt. Das Motto »Die Bar, in der man auf den Tischen tanzt« sollte man nicht unbedingt wörtlich nehmen, vermittelt jedoch einen guten Eindruck von der Stimmung in dem Lokal.

Dr Alim Bey Caddesi 19/21
(0252) 614 63903
vormittags–spät abends

»Einkehrstraße«

Das ist die freie Übersetzung von Tektekçiler Sokak: eine schmale Straße voller Holzstühle, in der auf traditionellen Instrumenten Musik gespielt wird. Hier kann man von Lokal zu Lokal bummeln, etwas trinken und der Musik und dem Gesang zuhören. Sie finden die Straße, wenn Sie nach dem Ora (siehe oben) in die erste Straße rechts einbiegen.

Tektekçiler Sokak **von früh bis spät**

Fethiye & Hisarönü

Boozey Bar

Diese bodenständige Bar mit Musik aus der Konserve und Billardtisch ist bei vielen Touristen beliebt. Sie ist niemals überfüllt, aber mit Sicherheit immer besucht.

Hisarönü **(0252)–616 6726** **11 Uhr–spät abends**
***Dolmuş* oder Minibus bis Fethiye**

Ottoman Café

Erstaunlicherweise gib es nicht mehr solcher Lokale an der Küste. Die Inneneinrichtung erweckt mit etwas Phantasie und mit Hilfe von Kupfertöpfen an den Wänden und türkischer Volksmusik die Vorstellung osmanischer Atmosphäre. Bisweilen ist das Lokal von Reisegruppen überfüllt, nachmittags oder am frühen Abend findet man hier jedoch meist angenehme Entspannung ohne Trubel.

Karagözler Caddesi 3/B Fethiye
(0252) 612 1148
10–16 Uhr

Clubs & Diskos

Nördliche Ägäis

Çeşme

Korfez

Die im gleichnamigen Restaurant befindliche Disko (freier Eintritt) lockt mit Live-Musik, in der Regel türkischem und internationalem Pop vor allem 20- bis 35jährige Besucher. Weitere Diskotheken sind z.B. Le Garage, Disco Viking und das Fly Inn.

Yalı Caddesi 12
(0232) 712 6718
24 Uhr–4 Uhr

Kuşadası

Emperor

Eine der zahlreichen Diskotheken, die sich zwischen die »irischen« und »englischen« Pubs in der »Bierstraße« in Kuşadası drängen. Die Stimmung ist meistens laut und kernig und wird gerne von britischen Besuchern auf nächtlicher Vergnügungstour dominiert.

Barlar Sokaği (Beer St) 21
(0256) 612 2575
20 Uhr– früher Morgen

Die Szene in Marmaris

Auch Marmaris verfügt über ein Bier-/Kneipenviertel, in dem sich Pubs und Diskotheken dicht an dicht drängen. Sie sind meist auf ein britisches Publikum ausgerichtet, sehr laut und freundlich. Türkische Bands spielen internationale Popmusik. Neuankömmlinge beginnen mit The Green House, Horizon, Casablanca und dem Blue Moon.

Tauchen
In Kuşadası befindet sich im Grand Blue Sky Hotel (➤ 101) das Aquaventure Diving Centre (☎ (0256) 144479). Hier bietet man eintägiges Schnuppertauchen, zweitägige Anfängerkurse und fünftägige PADI-Kurse. Das von Briten geführte European Diving Centre in Içmeler (☎ (0252) 4554733) zählt zu den professionellsten Unternehmen, die qualifizierte Tauchkurse anbieten.

Club 33
Zentral auf der Vogelinsel gelegene Disko mit gutem Sound- und Lichtsystem, angenehmer Bar und DJs.
✉ **Vogelinsel**
☎ **(0256) 612 4723**
🕐 **19 Uhr–früher Morgen**

Südliche Ägäis

Bodrum

Jazz Café
Hier läßt man es am frühen Abend langsam mit Jazzmusik angehen, ab Mitternacht etwa wechselt man jedoch zu Tanzmusik. Sehr beliebt und noch um 4 Uhr morgens sehr voll.
✉ **Paşatarlası Caddesi 9**
☎ **(0252) 614 66341**
🕐 **19–5 Uhr**

Halikarnas
Diese legendäre Freiluft-Disko ist die Nummer 1 in Bodrum. Neben den spektakulären Laser- und Lightshows meist um Mitternacht sorgen z.B. exotisch aussehende Bauchtänzerinnen und professionelle Showtanzgruppen für Unterhaltung. Unter den sehr guten DJs ist in der Regel auch eine Berühmtheit aus Großbritannien.
✉ **Cumhuriyet Caddesi**
☎ **(0252) 316 8000**
🕐 **20 Uhr–früher Morgen**

M&M Dancing
Die große Innendisko zählt zu Bodrums Top-Adressen. Die Lightshows sind sehenswert, die DJs spielen vor allem Rock und halten die Stimmung aufgeheizt. Gelegentlich werden Themennächte veranstaltet.
✉ **Dr Alim Bey Caddesi**
☎ **(0252) 316 2725**
🕐 **19–4 Uhr**

Fethiye

Disco Marina
Diese quirlige Disko zieht ein junges türkisches und internationales Publikum an. Weniger anspruchsvoll wie die Diskotheken in Bodrum und Marmaris, doch mit professionellen Tanznummern.
✉ **Yat Mimanı** ☎ **(0252) 614 9861** 🕐 **21 Uhr–früher Morgen**

Yes!
Die von einem türkisch-englischen Paar betriebene Disko lockt ein türkisch-internationales Publikum bei freiem Eintritt und Happy Hour von 21 Uhr bis Mitternacht. Die Musik wird nach 23 Uhr lebhafter, man spielt Oldies und aktuelle Hits. Gelegentlich Themennächte und Showtanz z.B. mit Bauchtänzerinnen.
✉ **Cumhuriyet Caddesi 9**
☎ **(0252) 614 9289**
🕐 **20–4 Uhr**

Music Factory
In der gegenwärtig bei jüngerem Publikum beliebtesten Disko in Fethiye beginnt um etwa 23 Uhr der Tanzbetrieb. Gelegentlich gibt es Showtanz, dabei tanzen die professionellen Tänzer effektvoll auf dem Balkon über der Tanzfläche.
✉ **Hamam Sokak 29** ☎ **(0252) 612 3778** 🕐 **19.30–4 Uhr**

Marmaris & Içmeler

Joy
Die renommierte Disko in Içmeler ist leicht an ihrer runden Form zu erkennen. Auf dem Weg von Marmaris nach Içmeler liegt sie auf der rechten Seite der Hauptstraße.
✉ **Içmeler** ☎ **(0252) 455 3302**
🕐 **23–3 Uhr** 🚌 ***Dolmuş* oder Minibus bis Marmaris**

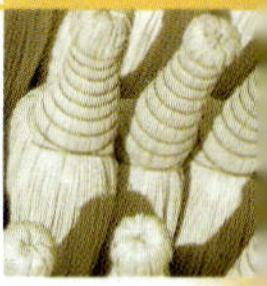

Türkische Bäder und Massage

Türkische Bäder und Massage

Die schöne türkische Tradition eines reinigenden und zugleich sozialen Badebesuchs geht auf römischen Einfluß zurück. Ein Besuch eines traditionellen Badehauses *(hamam)* zählt zu den eindrucksvollsten Erlebnissen bei einer Türkeireise. Nachdem Sie Ihre Kleider in einen Spind untergebracht haben, binden Sie sich ein Tuch *(peştama)* um und gehen zum Hauptbadebereich, wo Sie ein Angestellter je nach Bad mit unterschiedlicher Intensität abschrubbt. Danach werden Sie in Vorbereitung auf die Massage abgeduscht und eingeseift. Die Massage erfolgt auf einem großen Marmortisch, der das Zentrum jedes *hamam* dominiert. In einem auf Touristen eingestellten *hamam* mag die Erfahrung recht mild ausfallen, vielleicht weil der Masseur annimmt, daß Sie die volle, sehr anregende Behandlung nicht überstehen würden. Verwendet der Masseur nur Seife und kein Öl für die Massage, ist es die Touristenversion. In einem traditionellen *hamam* gibt es spezielle Männer- und Frauentage sowie männliche und weibliche Masseure.

Nördliche Ägäis

Çeşme

Türkisches Bad
Die Werbung für dieses einfach *hamam* genannte Bad verspricht phantastisches Vergnügen und anregende Massage von ausgebildeten Masseuren.
Çarşı Caddesi (0232) 712 8311 9–21 Uhr

Kuşadası

Belediye
Gegenüber der alten Moschee, mit traditionellem, gemischtem Badevergnügen.
Yildirmit Caddesi, Kuşadası
(0256) 6141219
9–21 Uhr

Selçuk
Das im Stadtzentrum neben dem Polizeirevier gelegene *hamam* bietet gemischtes Bad und sanfte Massage.
Sokak 2002 (0232) 892 6198 vormittags–22 Uhr

Südliche Ägäis

Bodrum

Hamam
Ein erstaunlicherweise recht traditionelles *hamam*; Mittwoch- und Samstagnachmittag nur für Frauen geöffnet.
Dere Umucra Sokak
8–17 Uhr

Fethiye
Obwohl das *hamam* selbst aus dem 16. Jahrhundert stammt, würden die meisten Türken über dieses touristische Bad trotz des ansässigen Masseurs die Nase rümpfen.
Hamam Sokak 20 (0252) 614 9318 7–24 Uhr

Marmaris

Sultan
Unverblümt touristisch mit Frauen-, Männer- und gemischtem Bad und verschiedensten Massagen.
Taşlik Centre (0252) 413 6850 8–24 Uhr

Ringkämpfe
Im Frühsommer finden Ringerturniere statt, bei denen mit Olivenöl eingeriebene Kontrahenten versuchen, ihre ebenfalls glitschigen Gegner eine gewisse Zeit mit dem Rücken am Boden zu halten. Im Winter sorgen vor allem in der Umgebung von İzmir und Ephesos Kamel-Ringkämpfe für Vergnügen bei Jung und Alt.

Veranstaltungs-kalender

Religiöse Feiertage und Feste

In der Türkei gibt es nur wenige feste Feiertage, weil sich diese nach dem muslimischen Mondkalender richten. Das Opferfest *Kurban Bayramı* erinnert an die Bereitschaft Abrahams, seinen Sohn Isaak zu opfern. An diesem Feiertag werden im ganzen Land Millionen von Lämmern geschlachtet, und das Fleisch wird an die Bedürftigen verteilt. Im Fastenmonat Ramadan, der in der Regel im **Januar/Februar** stattfindet, nehmen fromme Muslime zwischen Sonnenauf- und -untergang keine Nahrung zu sich und trinken und rauchen nicht. Reisende an der Ägäisküste werden hiervon jedoch nicht beeinträchtigt. Das Ende des Ramadan markiert das Fest *(İeker Bayramı)*, bei dem sich die Familien treffen.

Lokale Veranstaltungen

Mitte Januar bis Ende Februar kann man rund um Selçuk und Denizli Kamel-Ringkämpfen zuschauen.
Am 15. März erinnern in Çanakkale Veranstaltungen an den Seesieg von 1915.
Mitte April findet das İzmir Film Festival statt, ein internationales Festival, bei dem ausländische Filme in Originalsprache gezeigt werden.
Ende April bis Mitte Mai findet das Ephesos Festival in und um Selçuk statt. Die Musik- und Tanzveranstaltungen sind zur Zeit jedoch durch die Restaurationsarbeiten im antiken Theater beeinträchtigt.
In der ersten Woche im Mai finden die Internationale Segelwoche in Marmaris und verschiedene Regatten und Kunstveranstaltungen statt. Eine weitere Segelregatta gibt es in der ersten Novemberwoche.
Im Juni werden das Wassersportfestival in Foça und verschiedene Kulturveranstaltungen abgehalten sowie die internationale Regatta zwischen Istanbul und İzmir.
Von Mitte Juni bis Anfang Juli finden das Internationale İzmir Festival mit Veranstaltungen auch in Selçuk und Ephesos statt.
Anfang Juli wird in Çeşme ein Musikwettbewerb abgehalten.
Im August/September veranstaltet İzmir die jährliche Internationale Messe; die besseren Hotels und sogar Restaurants sind dann meist ausgebucht.
Anfang September bietet das Selçuk Festival türkische Volkstänze und Musikveranstaltungen.

Markttage

Es lohnt immer, sich in der lokalen Touristeninformation nach Ort und Zeitpunkt des Wochenmarktes zu erkundigen. Diese Markttage sind für die einheimische Landbevölkerung sehr wichtig, und die Provinzstädte sind an solchen Tagen weniger verschlafen. In der Regel gibt es in der Stadt eine bestimmte Zone für Stände, und, obwohl die Waren nicht für Touristen gedacht sind, ist die Szene lebhafter und einen Besuch wert. Eine Ausnahme bildet Kuşadası, dessen zwei Wochenmärkte (dienstags und freitags) auch auf Touristen abgestimmt sind. Informationen erhalten Sie in der örtlichen Touristeninformation.

Praktische Informationen

Oben: *Taxistandplatz in Çanakkale*
Rechts: *In anderen Gegenden betreibt man das Reisen gemächlicher*

ZEITUNTERSCHIED

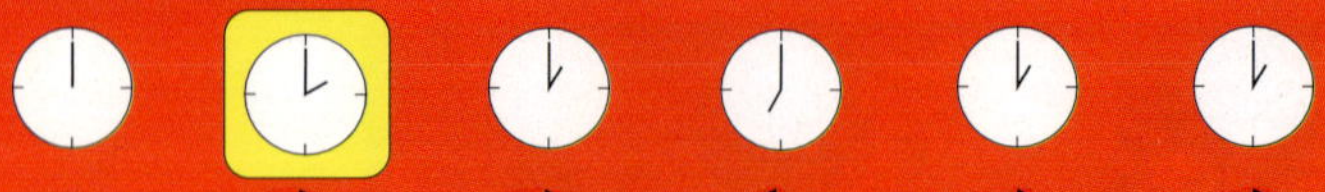

WEZ	Türkische Westküste	Deutschland	USA (NY)	Österreich	Schweiz
12 Uhr	→ 14 Uhr	→ 13 Uhr	← 7 Uhr	→ 13 Uhr	→ 13 Uhr

VOR DER REISE

REISEDOKUMENTE

● erforderlich
○ empfohlen
▲ nicht erforderlich

	Deutschland	Österreich	Schweiz	Niederlande	Großbritannien
Paß/Reisepaß	●	●	●	●	●
Visum (erhältlich bei der Ankunft)	▲	●	●	●	●
Rückflugticket	○	○	○	○	○
Impfungen	▲	▲	▲	▲	▲
Krankenversicherungsnachweis	▲	▲	▲	▲	▲
Reiseversicherung	○	○	○	○	○
Führerschein	●	●	●	●	●
Kfz-Versicherungsschein	●	●	●	●	●
Fahrzeugpapiere	●	●	●	●	●

REISEZEIT

Türkische Westküste

Hauptsaison
Nebensaison

JAN	FEB	MÄRZ	APR	MAI	JUNI	JULI	AUG	SEP	OKT	NOV	DEZ
Nebensaison	Nebensaison	Nebensaison	Hauptsaison	Hauptsaison	Hauptsaison	Hauptsaison	Hauptsaison	Hauptsaison	Hauptsaison	Nebensaison	Nebensaison
13°C	14°C	17°C	21°C	25°C	30°C	34°C	34°C	31°C	26°C	19°C	14°C
Sonnig mit Schauern	Sonnig mit Schauern	Sonnig mit Schauern	Sonnig	Sonnig	Sonnig	Sonnig	Sonnig	Sonnig	Sonnig	Sonnig mit Schauern	Sonnig mit Schauern

Sonnig
Sonnig mit Schauern

FREMDENVERKEHRSÄMTER

Deutschland
Türkisches Fremdenverkehrsamt
Baseler Straße 25
60329 Frankfurt
☎ (069) 23 30 81/82
Fax: (069) 23 57 21

Österreich
Türkisches Fremdenverkehrsamt
Singerstraße 2/VIII
1010 Wien
☎ (0222) 512 21 28
Fax: (0222) 512 83 26

Schweiz
Türkisches Fremdenverkehrsamt
Talstraße 74
8001 Zürich
☎ (01) 221 08 10
Fax: (01) 212 17 49

POLIZEI 155

JANDARMA (LÄNDLICHE GEBIETE) 156

FEUERWEHR 110

NOTARZT 112

BEI DER ANKUNFT

ANKUNFT

Die Turkish Airlines bietet Linienflüge nach İzmir via Istanbul von den größeren Städten Europas an. Charterflüge sind sehr viel preiswerter. Fährverbindungen bestehen mit Italien und vielen griechischen Inseln. Internationale Flughäfen gibt es zudem in Bodrum und Fethiye.

Adnan Menderes-Flughafen Kilometer bis İzmir	**Fahrzeit**
25 Kilometer	Zug: –
	Bus: 30 Minuten
	Taxi: 20 Minuten

Dalaman-Flughafen Kilometer bis Fethiye	**Fahrzeit**
50 Kilometer	Zug: –
	Bus: 60 Minuten
	Taxi: 45 Minuten

WÄHRUNG

Die türkische Währung ist die Lira (TL). Scheine zu 50 000, 100 000, 250 000, 500 000, 1 000 000 und 5 000 000 sowie Münzen zu 2 500, 5 000, 10 000, 25 000 und 50 000 Lira sind in Umlauf. Travellerschecks werden in Banken und Wechselstuben eingelöst, dabei wird eine Gebühr von 2 bis 3 Prozent erhoben. Ausländisches Bargeld kann ohne Gebühr gewechselt werden. Euroschecks und Kreditkarten werden akzeptiert. Der Geldumtausch kann in Banken lange dauern; suchen Sie in den großen Städten lieber Postämter (PTT) oder Wechselstuben auf.

ZEIT

In der Türkei ist die Zeit gegenüber der mitteleuropäischen Zeit eine Stunde vorgestellt (MEZ+1). Von Ende März bis Ende September gilt die Sommerzeit (MEZ+2).

ZOLLBESTIMMUNGEN

ERLAUBT

Alkohol, Zigaretten und Kaffee können in begrenzter Menge eingeführt werden.

Alkohol (Wein oder Spirituosen) 5 Liter
Zigaretten 200
Zigarren 50
Tabak 200 g
Kaffee 1,5 kg

Möglicherweise werden Wertgegenstände wie Videokameras oder Laptops im Paß eingetragen, um sicherzugehen, daß sie wieder mitgenommen werden. Gegenstände mit einem Wert über 30 000 Mark müssen im Paß registriert werden. Gleiches gilt für Handys, für die man zudem eine Besitzbescheinigung vorlegen muß.

VERBOTEN

Drogen, Feuerwaffen, Munition, Offensivwaffen, pornographisches Material und bestimmte Tierarten.

BOTSCHAFTEN UND KONSULATE

Deutschland	Österreich	Schweiz	Niederlande	Spanien
(0232) 421 6995	(0312) 434 2172	(0312) 4426 5460	(0232) 463 4960	(0232) 489 7936

IN DER TÜRKEI

TOURISTENINFORMATION

- Bodrum
  Bariş Meydanı 48
  ☎ (0252) 316 1091

- Çanakkale
  Am Hauptdock
  ☎ (0217) 0286 1187

- Fethiye
  İskele Karşısı 1
  ☎ (0252) 614 1527

- İzmir
  418 Atatürk Caddesi
  ☎ (0232) 422 0207

- Kuşadası
  Liman Caddesi
  ☎ (0256) 614 1103

- Marmaris
  İskele Meydanı 2
  ☎ (0252) 412 1035

- Selçuk
  Atatürk Mah.,
  EfesMüzesi Karşısı 23
  ☎ (0232) 892 1328

Touristeninformationen gibt es zudem in den meisten Städten; Adressen und Telefonnummern finden Sie unter den einzelnen Ortsbeschreibungen.

FEIERTAGE

J	F	M	A	M	J	J	A	S	O	N	D
1			1	1			1		1		

1. Jan.	Neujahr
23. Apr.	Unabhängigkeitstag
19. Mai	Atatürk-Gedenktag, Tag der Jugend und des Sports
30. Aug.	Gedenktag des türkischen Siegs über die Griechen 1922
29. Okt.	Jahrestag der Gründung der Türkischen Republik 1923

Bewegliche Feiertage

Das Datum der in der Türkei größtenteils anerkannten islamischen Feiertage wechselt alljährlich (siehe ➤ 116).

ÖFFNUNGSZEITEN

○ Läden	● Archäologische Stätten
● Büros	● Museen/Denkmale
● Banken	● Apotheken

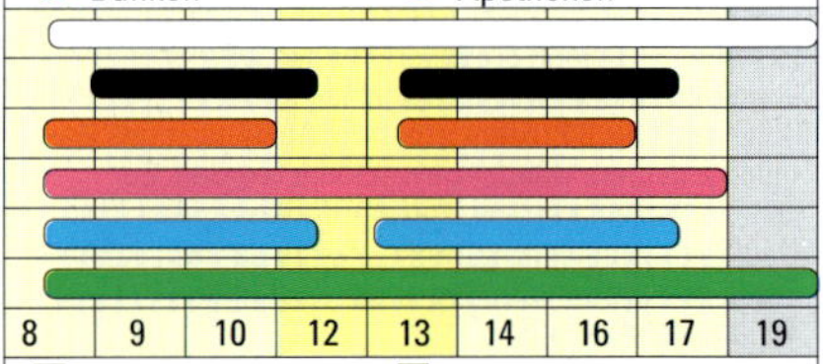

☐ tagsüber ☐ mittags
☐ abends

Im Gegensatz zur obigen Angabe öffnen in Touristenzentren die Geschäfte sieben Tage die Woche früher und bleiben sehr viel länger, bisweilen bis Mitternacht, geöffnet. Banken sind samstags und sonntags, Museen in der Regel montags geschlossen.

ABSOLUTES
ALKOHOLVERBOT

TOILETTEN
GEBÜHR

ÖFFENTLICHE VERKEHSMITTEL

Inlandsflüge Turkish Airlines bietet Inlandsflüge zwischen Istanbul, Ankara und den meisten größeren türkischen Städten und den Flughäfen in Fethiye, İzmir und Bodrum an.

Züge Die sehr begrenzten, in der Regel sehr langsamen Bahnverbindungen erfassen nur ein kleines Gebiet der westlichen Türkei und werden von nur wenigen Touristen benutzt. Von İzmir aus gibt es Züge nach Selçuk, Denizli und Manisa. Reservierungen unter ☎ (0232) 484 5353.

Busse Busse sind das beliebteste und praktischste Verkehrsmittel. Die Preise sind niedrig und der Service ist in der Regel verläßlich und professionell. Fahrkarten können im voraus am Busbahnhof (otogar) erworben werden, bisweilen auch im Bus, wenn Sie erst später zusteigen. Rauchen ist in Bussen verboten.

Boote Mit dem Boot kann man am besten die Küste erkunden und ansonsten unzugängliche Buchten erreichen. In allen größeren Ferienorten gibt es am Hafen Bootsverleihe. Längere Ausflüge über 3 bis 7 Tage werden vor allem von Bodrum und Marmaris aus angeboten. Weit verbreitet sind Fährverbindungen zu den griechischen Inseln.

***Dolmuş* oder Minibus** Im *dolmuş* (Sammeltaxi) zahlt man entsprechend der Reiseentfernung. Man kann überall an der Route aussteigen. Meistens ist das *dolmuş* ein Minibus; bezahlt wird im Wagen. Für Kurzstrecken zwischen Dörfern oder örtlichen Kleinstädten ist es das am besten geeignete Transportmittel.

MIETWAGEN

Die führenden internationalen Mietwagenfirmen haben Büros in İzmir und anderen Ferienorten. Viele Besucher buchen ihren Wagen vor der Reise. Die Fahrer müssen über 21 Jahre und in Besitz eines gültigen Führerscheins sein.

TAXIS

Taxis sind gelb und können in den größeren Ferienorten auf der Straße angehalten oder am Stand besetzt werden. Die Gebühren rechnen sich nach der Fahrtstrecke, verdoppeln sich zwischen 24 und 6 Uhr und sind für Kurzstrecken angemessen.

AUTOFAHREN

Höchstgeschwindigkeit auf Autobahnen: **120 km/h**

Höchstgeschwindigkeit außerhalb von Ortschaften: **90 km/h**

Höchstgeschwindigkeit innerhalb von Ortschaften: **50 km/h**

Gurtpflicht auf den Vordersitzen, auf den Rücksitzen nur, wenn vorhanden.

Alkohol am Steuer ist absolut verboten. Alkoholkontrollen sind weit verbreitet, und die Polizei stellt Strafzettel aus, die sofort zu bezahlnen sind.

Die Tankstellen verkaufen Super- und Normalbenzin *(benzin)* sowie Diesel *(mazot)*. Bleifreies Benzein *(kursunsuz)* ist in Städten und an größeren Tankstellen erhältlich. An den Raststätten gibt es oft gepflegte Toiletten und kompletten Service.

Bei Pannen mit dem eigenen Auto sollten Sie den türkischen Touring und Automobil Club (☎ Istanbul (0212) 282 8140; Fax (0212) 282 8042) anrufen. Bei Mietwagen verfahren Sie nach den Anweisungen der Verleihfirma.

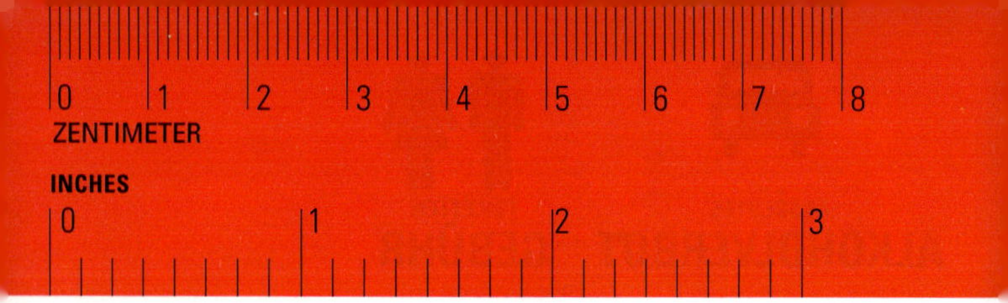

SICHERHEIT

Die Stadtpolizei trägt blaue Uniformen. In den größeren Ferienorten gibt es eine besondere Touristenpolizei mit gleicher Uniform, die Englisch und/oder Deutsch spricht. Vorbeugende Maßnahmen:

- Nie mehr Bargeld als notwendig mitnehmen
- Keine Wertsachen am Strand/Pool liegen lassen
- Nutzen Sie den Hotelsafe
- Lassen Sie keine Wertsachen im Auto

Polizei:
☎ 155
von allen Telefonen

TELEFONIEREN

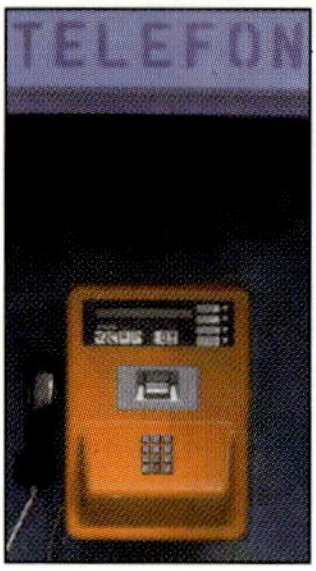

Telefonkarten gibt es mit 30, 60, 100, 120 und 180 Einheiten. In den örtlichen Postämtern (PTT) kann man telefonieren und Telefonkarten kaufen. Telefonzellen sind in den Straßen leicht zu finden. Die Auskunft erreicht man unter 118, die internationale Vermittlung unter 115.

Internationale Vorwahlen aus der Türkei nach:	
Deutschland:	**00 49**
Österreich:	**00 43**
Schweiz:	**00 41**

POST

Postämter (PTT) können leicht an den schwarz-gelben Schildern erkannt werden. In größeren Ferienorten und Städten kann man in den Hauptpostämtern bis Mitternacht telefonieren. Öffnungszeiten: Mo–Fr 8–19/20 Uhr. Briefmarken erhält man in der Regel an den Verkaufsständen für Postkarten.

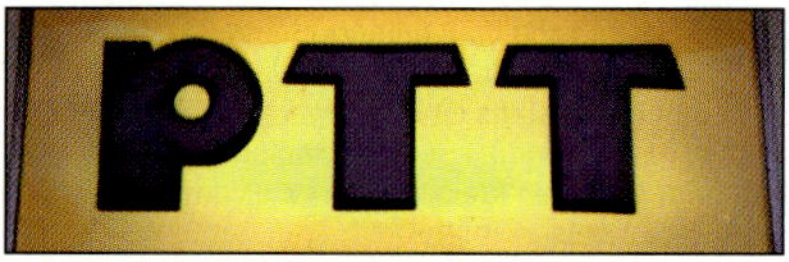

ELEKTRIZITÄT

Die Stromspannung in der Türkei beträgt 220 Volt.

In die Steckdosen passen in der Regel die deutschen Stecker. In ländlichen Regionen schadet es nicht, einen Adapter mitzuführen.

TRINKGELD

Ja ✓ Nein ✗		
Restaurants (Service nicht inkl.)	✓	10 %
Cafés/Bars (Service nicht inkl.)	✓	Wechselgeld
Führer	✓	100 000–250 000 TL
Friseur	✓	Wechselgeld
Taxis	✓	aufrunden
Zimmermädchen	✓	
Träger	✓	
Garderobenpersonal	✓	
Tankstellenpersonal	✓	

Motive: Archäologische Stätten, Fischerdörfer und attraktive Häfen, Sonnenuntergänge.
Nicht photographieren: alles Militärische.
Beste Zeit: Die im Sommer im grellen Mittagslicht aufgenommen Fotos sind bisweilen ohne räumliche Tiefe; bessere Ergebnisse erzielt man am frühen Vormittag oder spät nachmittags.
Filme: Filme und Kamerabatterien erhält man problemlos in Touristenläden in den größeren Ferienorten.

GESUNDHEIT

Versicherung
Schließen Sie schon zu Hause eine Reise-Krankenversicherung ab. Die Türkei ist kein EU-Mitglied, Reisende aus EU-Staaten erhalten also keine kostenlose Behandlung.

Zahnarzt
Für zahnärztliche Behandlung muß gezahlt werden. Überprüfen Sie Ihre Reiseversicherung, ob und in welchem Ausmaß sie zahnärztliche Behandlung abdeckt.

Sonnenschutz
Die sonnigsten und heißesten Monate sind Juli, August und September, mit durchschnittlich 12 Stunden Sonnenschein am Tag und Temperaturen um die 30 °C. In diesen Monaten die Mittagssonne meiden und Sonnencreme mit hohem Schutzfaktor verwenden.

Medikamente
Verschreibungspflichtige und freie Medikamente sind in Apotheken erhältlich *(eczane)*. Dort erhalten Sie auch frei Medikamente, die in vielen Ländern nur gegen Rezept erhältlich sind.

Trinkwasser
Leitungswasser ist in der Regel unbedenklich zu trinken, kann jedoch unangenehm schmecken. Mineralwasser ist preiswert und mit Kohlensäure *(maden suyu)* oder still *(memba suyu)* erhältlich.

ERMÄSSIGUNGEN

Studenten/Jugendliche
Inhaber eines Internationalen Studentenausweises (ISIC) können auf Fahr- und Eintrittskarten Ermäßigungen erhalten, gelegentlich ist er bei Jugendunterkünften hilfreich. Preiswerte Unterkünfte bekommt man auch in Pensionen (*pansiyons*).

KLEIDERGRÖSSEN

Türkei	Großbritannien	Europa	USA	
46	36	46	36	Anzüge
48	38	48	38	
50	40	50	40	
52	42	52	42	
54	44	54	44	
56	46	56	46	
41	7	41	8	Schuhe
42	7.5	42	8.5	
43	8.5	43	9.5	
44	9.5	44	10.5	
45	10.5	45	11.5	
46	11	46	12	
37	14.5	37	14.5	Hemden
38	15	38	15	
39/40	15.5	39/40	15.5	
41	16	41	16	
42	16.5	42	16.5	
43	17	43	17	
36	8	34	6	Kleider
38	10	36	8	
40	12	38	10	
42	14	40	12	
44	16	42	14	
46	18	44	16	
38	4.5	38	6	Schuhe
38	5	38	6.5	
39	5.5	39	7	
39	6	39	7.5	
40	6.5	40	8	
41	7	41	8.5	

BEI DER ABREISE

- Einen oder zwei Tage vor Abflug den Rückflug bestätigen.
- Übriggebliebenes türkisches Geld nutzt wenig, kleine Beträge können im Heimatland nur schwer gewechselt werden.
- Flughafengebühr wird in der Regel beim Kauf des Tickets bezahlt, vergewissern Sie sich jedoch, ob nicht noch Abgaben anfallen.

REISEDOLMETSCHER

Türkisch ist eine schwierige Sprache, doch glücklicherweise sprechen viele Menschen in der Türkei Deutsch und/oder Englisch oder Französisch. Dennoch werden sogar die kleinsten Versuche, ein paar türkische Worte zu verwenden, von Türken immer mit großer Freude registriert. Seitdem Atatürk die arabische Schrift abschaffte, wird das Türkische mit lateinischen Buchstaben geschrieben. Einige Buchstaben werden jedoch anders ausgesprochen: c = dsch, ç = tsch, ğ = stumm oder j, ı = e (nicht betont), ş = sch.

Hotel	*otel*	Bad	*banyo*
Pension	*pansiyon*	Dusche	*duş*
Einzelzimmer	*tek kişilik oda*	Toilette	*tuvalet*
Doppelzimmer	*iki kişilik oda*	heißes Wasser	*sıcak su*
eine Nacht	*bir gecelik*	Schlüssel	*anahtar*
Reservierung	*reservasyon*	Aufzug	*asansör*
Zimmerservice	*oda servisi*	Meerblick	*deniz manzarası*
Handtuch	*havlu*	Rezeption	*resepsiyon*

Bank	*banka*	Kreditkarte	*kredi kart*
Wechselstube	*kambiyo bürosu*	Wechselkurs	*döviz kuru*
Postamt	*PTT oder postane*	Wechselgebühr	*komisyon ücreti*
Briefmarke	*pul*	Schalter	*kasiyer*
Scheck	*çeki*	Wechselgeld	*bozuk para*
Reisescheck	*seyahat çeki*	Fremdwährung	*doviz*

Restaurant	*okanta/restoran*	Früchte	*meyva*
Rechnung	*hesap*	Brot	*ekmek*
Frühstück	*kahvaltı*	Bier	*bira*
Vorspeisen/Gemüse in Olivenöl	*meze/zeytinyağlılar*	Wein	*şarap*
Dessert	*tatlı*	Eis	*buz*
Joghurtgetränk	*ayran*	Wasser	*su*
Tee	*çay*	Mineralwasser	*maden suyu*
		Kaffee	*kahve*
		Milch	*süt*

Flugzeug	*uçak*	Rückfahrkarte	*gidiş-dönüş*
Flughafen	*havaalanı*	Hafen	*liman*
Bahnhof	*istasyon*	Auto	*araba*
Bus	*otobüs*	Taxi	*taksi*
Busbahnhof	*otogar*	Wo geht's nach...?	*...'a/e nasil giderim?*
Fähre	*vapur/feribot*	Wie weit?	*...ne kadar uzak?*
Anlegestelle	*iskele*	Wo ist...?	*...nerede?*
ein Ticket nach...	*...'a bir bilet*		

Ja	*evet*	Auf Wiedersehen	*güle güle* (Gruß des Bleibenden)
Nein	*hayır, yok*	Guten Morgen	*günaydin*
Bitte	*lütfen*	Guten Tag	*iyi günler*
Danke	*teşekkür ederim, mersi, sağol*	Gute Nacht	*iyi geceler*
Hallo	*merhaba*	Tut mir leid	*pardon*
Auf Wiedersehen	*allaha ısmarladık* (Gruß des Gehenden)	Wieviel?	*ne kadar/kaça?*
Willkommen	*hoş geldiniz*	offen/geschlossen	*açık/kapalı*
		Entschuldigung	*özür dilerim*
		Wo?	*nerede?*

REGISTER

Dank
Sean Sheehan bedankt sich bei:
Peter Espley vom Türkischen Fremdenverkehrsbüro in London, Suat Oral in Bodrum, Hale Özakar in Kuşadası, Sihel Romano in Marmaris, Sean Walwyn in İzmir, Hakan Ergir in Selçuk und allen freundlichen Menschen von den Verkehrsbüros der Türkischen Ägäis, die mir geholfen haben.

Der Verlag bedankt sich bei folgenden Fotografen und Institutionen für ihre Mithilfe:

J. Allan Cash Photolibrary 85, 90; Mary Evans Picture Library 14u; Robert Harding Picture Library 68, 77; Kemer, Mann; Nature Photographers LTD 12 (K Carlson), 40 (P Craig-Cooper), 49 (P R Sterry); Pictures Colour Library 62u; Spectrum Colour Library 10/1, 26u, 89u

Alle übrigen Fotos sind im Besitz der AA Photo Library und wurden von Jean-François Pin gemacht, mit Ausnahme der Abbildungen folgender Seiten: 82u von Steve Day; 5u, 6u, 6m, 8m, 9m, 11, 13, 15o, 16o, 17o, 18o, 19o, 20o, 20u, 21o, 22o, 22u, 23o, 22/3, 24o, 25o, 26o, 31m, 32u, 36u, 39u, 41u, 44, 45, 46, 47u, 48, 50, 51o, 52u, 55u, 60u, 64/5, 65, 69u, 71o, 74, 75, 76, 80o, 81u, 83, 86u, 86m, 88, 91o, 92, 93, 94, 95, 96, 97, 98, 99, 100, 101, 102, 103, 104, 105, 106, 107, 108, 109, 110, 111, 112, 113, 114, 115, 116, 117u, 122m von Paul Kenward; 15u, 16u, 24u von Dario Mitideri und 70u, 87u von Tony Souter
Umschlaggestaltung: Pro Design, München

Redaktion: Anthonia Hebbert

Gestaltung: Barfoot Design

Notizen

Notizen